GÊNESIS DESVENDADO

Cesar de Aguiar

DEDICATÓRIA

Em memória de D. Odila Vieira de Aguiar, minha mãe.

CONTEÚDO

AGRADECIMENTOS

Ao meu pai, Sebastião de Aguiar, que vivia com a cabeça nas estrelas e por isso despertou numa criança do interior a vontade de estudar o que ninguém estava estudando.

À minha saudosa mãe, D. Odila, que me fez acreditar que eu podia fazer coisas extraordinárias simplesmente me contando (quando criança), histórias fantásticas onde o protagonista sempre era um menino chamado César.

Aos meus irmãos por terem me sustentado e me motivado a sempre dar um passo além do meu último passo.

Aos sobrinhos que têm o status de irmãos.

Aos alunos que Deus deu ao meu coração.

Aos meus filhos que me fizeram entender o significado da palavra 'amor'.

À minha esposa Meyber Mariane, que é a definitiva resposta às orações de minha mocidade. Com ela eu estou me tornando uma melhor versão de mim mesmo. Sem ela, esse livro não existiria.

OBRIGADO JESUS, MEU DEUS!

INTRODUÇÃO OU A MECÂNICA DO SURGIMENTO DE NOVAS IDEIAS

Encontrar respostas tem sido o perseverante trabalho dos cientistas e dos teólogos livres das grades da religião.

Steven Johnson, autor do best-seller "De Onde Vêm as Boas Idéias" conta o que descobriu nos anos que passou estudando a inovação tecnológica e o avanço da ciência: "O modelo gênio solitário não funciona. As melhores ideias surgem quando pessoas com habilidades diversas abordam o mesmo problema e trocam ideias entre si. Se cada uma delas apresenta uma visão diferente da situação, há chances maiores de surgir uma boa solução".

Ao refletir sobre o que Johnson escreveu, passei acreditar que as respostas que buscamos acerca do universo podem surgir a partir de uma boa troca de ideias entre a Astrofísica e o Antigo Testamento, ou entre a Física Quântica e os Evangelhos, ou ainda, entre a Matemática e as Epístolas Paulinas.

Para o serviço de elaborar uma linha de pensamento interessante, o pesquisador deve usar as ferramentas certas: Inspiração, Imaginação e Trabalho. Inspiração e Imaginação são os maiores guias para verdade, e, para que o conhecimento evolua, precisamos garantir a liberdade de pensamento. Afinal, sem inspiração e sem imaginação é impossível avançar rumo ao progresso do conhecimento.

Na voz de Rubem Alves a "imaginação é o lugar onde as coisas que não existem, existem. Este é o mistério da alma humana: somos ajudados pelo que não existe. Quando temos esperança, o futuro se apossa dos nossos corpos. E dançamos...".

O inventor das embalagens a vácuo, Thomas Edison, acrescenta outro ingrediente à essa mistura! Segundo ele, "talento é 1% inspiração e 99% transpiração", quando afirma que a disposição para o trabalho é fundamental para se locomover em direção ao sucesso.

Estamos fazendo isso com esse livro: buscamos os limites da teologia para explicar as descobertas científicas. Para essa empreitada usamos nossa imaginação, enquanto levamos toda criatividade cativa à influência inspiradora das Escrituras. Temos a certeza de que ao final desse livro o leitor terá muito mais perguntas do que respostas, e se assim for, esse trabalho terá logrado sucesso. Afinal, essa é a verdadeira finalidade desse trabalho: levar o leitor a reinventar suas perguntas e elaborar novas perguntas, superiores às antigas.

"Portanto, a primeira razão para valorizarmos a criatividade é que Deus é o Criador. Em segundo lugar, uma obra de arte tem valor como criação porque o homem é feito à imagem de Deus e, portanto, pode não apenas amar, pensar e sentir emoções - ele tem também a capacidade de criar. Tendo sido feitos à imagem do Criador, somos chamados à criatividade... A criatividade é intrínseca à nossa humanidade" (Francis A. Schaeffer).

Por algumas vezes o leitor vai se deparar com a ideia de que essa obra pode lhe servir como uma metáfora útil, que irá ajudá-lo a fazer reflexões através de um novo foco e assim fazer uso uma nova forma de abordar o conhecimento que se tem, ou ainda poderá ao menos se deleitar na viagem de se refletir acerca do quão fantástico é o universo criado.

Por outras vezes o leitor será impactado pela certeza de que, o que se lê é a mais pura verdade, mesmo que a ciência esteja aquém de fornecer provas evidenciais, mas na maioria das vezes, o leitor vai sentir que está chegando a uma explicação parcial de como realmente atua a consciência do universo e de como o universo funciona dentro da perspectiva da experiência pessoal, no dia a dia da vida humana.

O que começa como um exercício de metáfora, ao se desenvolver, cede lugar cada vez maior a constatações definitivas.

A maneira mais adequada de identificar a pessoa de Deus é afirmando que Ele criou todas as coisas.

Ele planejou, projetou e chamou à existência as coisas que ainda não existiam; e todas elas, sob seu comando, irresistivelmente vieram à existência.

Essa é a premissa elementar que nos leva a identificar o Supremo

Criador do Universo.

Todavia, antes de tudo, o Supremo Arquiteto fez algo, sem o qual a equação que explica a mecânica do universo, não iria funcionar.

Em tempos imemoriais e muito antes da criação material Deus providenciou um evento central que sustenta o universo inteiro.

Esse evento é certamente a variável que falta nas equações da física moderna e se quisermos entender de forma plena a origem do universo, seremos obrigados a compreender de antemão a centralidade da Cruz de Cristo no plano de Deus para a sustentação e funcionamento de todos os mundos criados.

Não compreendendo o papel central da Cruz de Cristo na sustentação do paradoxo, o universo nunca será plenamente compreendido e a Cruz de Cristo nunca terá a devida glória que merece.

Novas descobertas científicas obrigaram os teólogos a reverem seus modelos de interpretação das Escrituras.

É evidente que foi a constante tentativa de equilibrar os conceitos científicos com o texto bíblico que causou o real choque entre a teoria científica e a exegese. Historicamente, quase sempre os exegetas deram a mão à palmatória revendo sua grade de interpretação.

Houve um tempo em que a ciência e fé andavam de mãos dadas. Muitos cientistas caminharam na direção de uma explicação para a origem de todas as coisas e tinham as Escrituras como fonte pessoal de motivação e explicação do universo. Para aqueles cientistas a Estrada sempre partia da Bíblia para a ciência e esse caminho conduziu o homem para a escuridão da ignorância, estabelecendo uma guerra aberta entre cientistas e religiosos.

Era um mundo governado por religiosos tiranos na terra e um deus tirano no céu. A vaidade humana governava os interesses pessoais. Bíblia e Ciência eram intrumentos de dominação. O deus daquela igreja havia sido criado à imagem e semelhança da maldade dos homens.

O progresso científico foi paralisado por um tempo e evoluiu apenas quando se inverteu essa ordem: quando a ciência passou avançar com liberdade e os exegetas bíblicos passaram a buscar o equilíbrio entre as informações científicas e o texto sagrado.

Isaac Newton, James Clerk Maxwell, Nicolau Copérnico e tantos outros!

O Teólogo Charles Darwin revolucionou o entendimento da criação material. É dele a Teoria da Seleção Natural, que explica a Evolução das Espécies como método de adaptação dos seres vivos ao meio em que vivem e suas mutações sofridas com o passar do tempo.

Darwin caminhou na direção certa e por isso trouxe uma nova luz para os exegetas livres de preconceitos religiosos.

O que podemos resumir sobre os 11 primeiros capítulos de Genesis é que o texto está longe de ser uma unanimidade entre os estudiosos da Bíblia. Na verdade, cada estudioso tem seu próprio pensamento e alguns cientistas respeitam esse texto apenas como poesia e outros como filosofia.

E como se não bastasse essa imensa confusão interpretativa, sempre surgem novas correntes de pensamento.

Sábios são aqueles que além de ver poesia e filosofia, enxergam também um texto científico carregado de literalidade.

O texto inicial das Escrituras trata da criação do universo material até o estabelecimento do mundo pós-diluviano. Esse texto é certamente o bloco de interpretação mais complicado de todas as Escrituras e definitivamente um dos mais ricos.

Alguns liberalistas atuais consideram esse bloco das Escrituras um mito e a lacuna entre ciência e fé só vai se alargando!

O erro é pensar que fé e ciência tratam de assuntos diferentes. O erro é pensar que o cientista tem que se libertar da influência da teologia para se dedicar à pesquisa sem a suposta pressuposição de crendices. Também é errado pensar que aqueles que professam a fé em Deus devem considerar desnecessário o trabalho dos teólogos que se debruçam sobre a solução do paradoxo entre fé e ciência.

O caos interpretativo de Gênesis está intimamente ligado à preguiça e ao preconceito e é exatamente a preguiça intelectual e o preconceito religioso que se tornaram o pai e a mãe da ignorância tanto de cientistas quanto de teólogos.

É a busca por um Cristianismo transcendente, perseguidor do entendimento da natureza de Deus que deve ser motivação para a busca do conhecimento.

Cristo está além das paredes do templo físico e o Evangelho deve permear todo o conhecimento humano.

O pensamento da filosofia, da química, da biologia, da física e da astrofísica deve ser impactado pelo conhecimento da natureza e os propósitos do Criador, afinal tudo que existe, existe porque Deus assim o fez.

Não podemos nos enclausurar em uma teologia de portas fechadas, antes devemos abrir a porta para agregar novas descobertas e entender que a sutil verdade das Escrituras nos é revelada através de camadas, e que a profundidade do entendimento nos espera na próxima investida.

A escalada do conhecimento se faz por uma escada infinita, tão ilimitada quanto a infinita sabedoria do Criador.

Podemos nos deleitar em interpretar o Apocalipse a partir das novas fotos do Hublle. Podemos compreender a missão do profeta Elias a partir do deslocamento no espaço tempo, segundo a Relatividade Geral de Einstein. Podemos entender a teologia de Paulo a partir do Princípio da Incerteza de Heisenberg.

Em 1616 a Igreja (Tribunal do Santo Ofício) pronunciou-se contra a Teoria Heliocêntrica que afirmava que o Sol era o centro imóvel do Universo. Segundo a dogmática do cristianismo de então, a terra era o centro do universo e tudo o mais se movia em torno dela.

Para a igreja daquela época o cientista Galileu Galilei estava teologicamente errado e, por seus pensamentos, em 1642, morreu condenado pela Igreja Católica. Após sua morte todas as suas obras foram censuradas e proibidas.

Naquele mundo governado pela vaidade religiosa, a igreja usava textos bíblicos para racionalizar acerca de assuntos científicos e não permitia o uso da metodologia científica para comprovação de qualquer coisa que segundo sua conveniência fosse ruim para os negócios da igreja.

Para combater a teoria de Galileu que dizia que a terra girava em torno do sol, os religiosos daquele tempo usavam o seguinte texto bíblico: "Digam entre as nações: O Senhor reina! Por isso firme está o mundo, e não se abalará, e ele julgará os povos com justiça" (Sl 96:10). Esse era o texto predileto dos inimigos da ciência de Galileu.

Como outra evidência a igreja da época apontava para o evento em que Josué ordenou que o sol se detivesse no meio do céu. Segundo o argumento da igreja, a Bíblia como texto inerrante, deixava claro que era o sol que se movia ao redor da terra, caso contrário a ordem de Josué deveria ter sido dada à terra e não ao sol.

Se pensarmos dentro das limitações espaciais e fundamentados numa interpretação literal a igreja daquele tempo estava com a razão!

Ao afirmar que era a terra que se movia, para aquela Igreja, Galileu era um herege de fato!

Todavia o seu telescópio provou o contrário!

O próprio Galileu queria separar ciência de religião e em própria defesa pronunciava que "as Escrituras nos dizem como ir para o céu, não como estão indo os céus". Para ele a igreja deveria ensinar as pessoas a como ir para o céu e que deixassem a ciência em paz, afinal a ciência queria mostrar apenas "como estão indo os céus".

O impasse entre Galileu e Igreja durou centenas de anos. Esse episódio teve seu fim em 1992 quando o Vaticano se retratou publicamente aceitando como correta as descobertas de Galileu.

Finalmente a igreja deu a mão à palmatória. Todavia demorou demais para pedir perdão pelo assassinato de um dos maiores cientistas da história da humanidade.

Que isso sirva de aviso aos estudiosos de ontem e de hoje: nem sempre as Escrituras devem ser interpretadas de forma literal.

Cabe ao exegeta usar a correta ferramenta de hermenêutica para perseguir o significado real do texto. Para cada texto cabe a sensibilidade de escolher a correta ferramenta ou até várias ferramentas hermenêuticas.

Acerca do evento de Josué, podemos virar essa página interpretando o texto de forma equilibrada, pois até hoje, ao nos referirmos ao início e ao fim de um dia dizemos que "o sol nasceu" e "o sol se pôs", mesmo sabendo que é a terra que se move e não o sol! Uma simples questão do uso coloquial das palavras.

Desde os tempos de Salomão, essa forma de se referir ao dia e à noite não mudou muito! "O sol se levanta e o sol se põe, e depressa volta ao lugar de onde se levanta" (Ec 1.5).

A hermenêutica bíblica deve fornecer as ferramentas a serem usadas para equilibrar a teologia com a descoberta irrefutável de Galileu e com todas as descobertas científicas efetivamente comprovadas.

Se a Bíblia tem texto para mostrar uma terra imóvel no espaço, ela também tem texto para mostrar o contrário: "Ele transporta montanhas sem que elas o saibam, e em sua ira as põe de cabeça para baixo" (Jó 9.5). Esse texto nos apresenta uma terra solta girando no espaço.

No primeiro momento, novas descobertas científicas sempre chocam os conceitos da teologia, mas não deveria ser assim. Afinal, se a ciência é verdadeira, certamente vai se equilibrar com o Espírito das Escrituras.

Cabe ao exegeta ter paciência para novamente se debruçar sobre a Palavra e avaliar a nova descoberta científica.

As Escrituras nos motivam a avaliar as profecias (1Co 14:29), então, que façamos o mesmo com as novas descobertas da ciência. Que sejam julgadas pela marreta da Palavra de Deus.

Condenação sem escrutínio é sinal de preguiça intelectual e intolerância religiosa. Todavia receber uma informação e não julgar sua veracidade diante da Palavra de Deus, também é uma forma errada de se viver a fé (1Jo 4:1).

Talvez nunca iremos chegar em um consenso ou mesmo na

construção da teoria do tudo. O fato esmagador é que nossa mente nunca alcançará a mente de Deus. Todavia a certeza de se não alcançar a plenitude não deve ser motivo para não caminharmos na direção do conhecimento dos mistérios da criação.

O deleite do estudioso é avançar na interpretação teológica e se debruçar sobre as Escrituras filtrando toda ciência do mundo, tendo a Palavra como irrefutável sustentáculo de todo conhecimento e verdade.

Convém ao estudioso saber que a "água que é demasiadamente pura não tem peixe". Esse é o trabalho do teólogo: lançar redes em águas profundas e pescar os melhores peixes. Saber que toda a água é suja, mas a Palavra de Deus é filtro!

Ciência e fé não devem se contradizer. Devem se completar!

Que algo fique claro, e nisso todos concordamos: Não sabemos direito como o universo foi criado, mas já temos certeza do porquê o universo veio a existir.

A missão da teologia é se ocupar com o "Quem" e o "Porquê", e a missão da ciência é se ocupar do "Quando" e o "Como".

É dessa forma que procuramos reatar o casamento entre a ciência e a fé.

"Pois Dele, por Ele e para Ele são todas as coisas.
A Ele seja a glória para sempre! Amém" (Rm 11.36).

HUBBLE E O CRIADOR DE TODAS AS COISAS.

Edwin Powell Hubble foi um astrônomo norte americano que se tornou notório por ter descoberto que as nebulosas não eram apenas nuvens de hidrogênio, poeira e plasma. Antes da descoberta de Hubble e Vesto Melvin Slipher, acreditava-se que uma nebulosa era qualquer corpo celeste que não tinha limites precisos e nessa definição se enquadrava qualquer corpo difuso que pudesse ser observado pelos telescópios.

Antes que Hubble e Slipher, no início do século XX, confirmassem que aqueles corpos difusos não se tratava de nebulosas, mas sim de galáxias distantes, o mundo acreditava que Andrômeda era uma nebulosa e não uma galáxia.

A confirmação desses cientistas foi mais longe do que apenas mudar a nomenclatura de corpos celestes.

Além de afirmar que nebulosas eram na verdade galáxias muito distantes da Via Láctea, eles estavam mudando o rumo da ciência, ao provarem que essas galáxias se afastavam-se umas das outras, viajando pelo espaço a uma velocidade proporcional à distância que as separam.

A descoberta de que as galáxias estavam se separando indicava uma conclusão óbvia: se estão se distanciando é porque em um tempo anterior elas se encontravam juntas, como se tivessem partido de um mesmo ponto.

Em um momento elas estavam todas no mesmo lugar, e após um evento de proporções fantásticas tudo começou a viajar em direção à expansão do Tudo.

Hubble e Slipher descobriram e apresentaram à humanidade um

universo dinâmico e em fantástica evolução.

O novo entendimento era muito mais interessante que o anterior. Pelo trabalho desses dois cientistas a humanidade passou a ter outra definição de Universo. Algo sistematizado, gerido por forças poderosas e incríveis.

A expansão deixava migalhas pelo caminho - pistas de um funcionamento ordenado, matemático, colossal e delicado.

O novo entendimento fornecia aos cientistas a possibilidade de contar a história da vida inteira do Cosmo, isso porque a expansão do universo deixou sua marca pelo caminho. Pegando o caminho de volta, a sua história poderia ser rastreada até a singularidade inicial.

Deus deixou pistas de suas digitais por todo o lugar que Ele passou.

O Paradoxo de Olbers, também conhecido por paradoxo da noite escura, prova que o universo não é eterno e não é estático. Heinrich Wilhelm Olbers, em 1826 provou que tudo teve um início e que tudo está em constante evolução. Consonante com a ciência, a Bíblia concorda com Olbers, quando afirma que "No princípio Deus criou os céus e a terra", e concorda ainda mais quando no decorrer dos Dias da Criação, Deus foi organizando todas as coisas, estabelecendo uma ordem evolutiva entre o primeiro e o sexto dia.

A Segunda Lei da Termodinâmica afirma que o nosso universo caminha para o caos e para a desorganização, pressupondo que no início de todas as coisas, quando toda a energia estava acumulada em um único lugar, tudo era perfeitamente organizado. Novamente as Escrituras estão alinhadas com a ciência enquanto afirma que todas as coisas que vemos agora serão destruídas e uma nova dimensão se estabelecerá na consumação da vitória de Cristo. "Em verdade, eis que criarei novos céus e uma nova terra; e todos os eventos passados não serão mais lembrados. Jamais virão à mente!" (Isaías 65.17).

Georges Lemaître, sacerdote jesuíta e astrofísico belga, sustentou que, em sua origem, o universo estava concentrado em um único 'átomo primordial', extremamente quente e terrivelmente condensado, que explodiu e começou a expandir-se, criando galáxias e depois estrelas. A teoria de Lemaître foi logo chamada de teoria do 'Big Bang', em 1950.

Lemaître enfrentou muita dificuldade para apresentar sua tese na comunidade científica. Nesse tempo o conceito de que o universo veio a existir a partir de uma grande explosão ainda não fazia sentido matemático para a maioria dos cientistas.

O conceito de que nos primórdios tudo estava concentrado em um único átomo traz uma poderosa mensagem implícita. Uma mensagem que obriga a evolução do pensamento e tira qualquer ser humano de sua zona de conforto.

Se no início tudo estava concentrado em um único átomo, obrigatoriamente uma força sobrenatural inteligente teve que disparar o processo.

Os teólogos acreditam na máxima de Hebreus 11:3 – "Pela fé entendemos que o universo foi formado pela palavra de Deus, de modo que o que se vê não foi feito do que é visível".

Deus não criou o universo a partir do Nada. Deus é o princípio ativo de todas as coisas. A expressão latina "Ex nihilo nihil fit" significa: "nada surge do nada". A frase atribuída ao filósofo grego Parménides indica a existência de um princípio metafísico segundo o qual o ser não pode começar a existir a partir do nada. O nada nunca pode produzir algo! Se algo existe é porque um poder superior o arquitetou e o trouxe à existência.

É assim que os teólogos acreditam! Cremos que o mundo espiritual criou o mundo físico a partir da vontade de Deus.

Deus criou o universo estando do lado de fora do universo.

O Grande Arquiteto não caberia nos limites espaciais estabelecidos por Ele. Um universo temporal e espacial não comportaria a presença plena do Emanante de Toda Vida.

O lugar de habitação do Eterno naturalmente tem que ser "Não Espacial" e "Não Temporal", e por isso acreditamos em mundos superiores onde o conceito de espaço e tempo simplesmente não se aplica.

Nesse lugar sem tempo ou espaço a voz de Deus bradou: "HAJA"!

Deus falou fora do tempo e do espaço. Não no passado, nem no presente e nem futuro.

Difícil é para o ser humano entender como isso funciona na prática, afinal somos limitados pela ausência de experiência com um mundo onde tempo e espaço não existam. Por isso podemos apenas nos agarrar a uma simples questão de pura lógica: como Deus disse HAJA estando fora do tempo e do espaço, nem no passado, nem no presente e nem no futuro, Deus disse HAJA e por isso continua havendo!

O universo continua expandindo porque não parou de ouvir a voz do Criador ordenando "HAJA".

Deus criou um universo que pode ser explicado por uma única equação. Se hoje ainda não temos acesso a essa equação é porque ainda não foi inserida a mais importante das incógnitas: a Cruz de

Cristo.

Existe uma lei que sustenta todo o universo. Uma equação matémática aguardando para ser finalmente formulada.

Tudo se trata de uma verdade bíblica que transcende os limites da matemática e da física. Segundo as Escrituras aprendemos que um Deus santo jamais poderia carregar pecadores.

A justiça de Deus é plena e como resposta ao pecado do homem Sua ira seria disparada, e em sua fúria, a força de Deus destruiria todo o universo por causa de um único pecado de um único homem.

Naturalmente o pecado desconectou o homem de Deus, e para que pecadores fossem novamente reconectados, deveria haver um remédio que viabilizasse o transplante. O homem deveria ser implantado em Deus. Todavia sem um remédio eficaz, o corpo do receptor sempre rejeita o órgão do doador.

Pecadores nunca poderiam ser implantados em Deus a menos que houvesse um remédio que garantisse com eficácia o transplante e evitasse a rejeição.

É por isso que antes de criar o universo dizendo HAJA LUZ, Deus disse HAJA CRUZ. E porque houve cruz antes de haver luz, todas as demais coisas valeriam a pena serem criadas.

A cruz está no centro de todas as coisas. É ela que sustenta o paradoxo do universo. É por meio do sacrifício do Cordeiro morto desde antes da fundação do mundo que planetas e estrelas, a Via Láctea inteira e todo o Universo estão sustentados.

Sem a obra de Cristo nada do que foi feito se faria. O Universo é Dele. O Universo é para Ele. O Universo foi feito por Ele. Todas as coisas se estabelecem pela obra que Ele fez e que garantiu a sustentação de todas as coisas.

Tudo que Deus criou foi estabelecido para funcionar de acordo com leis edificadas sobre a Sua Sabedoria Infinita.

Toda engrenagem do universo se movimenta seguindo leis da física.

Toda ciência se baseia na ordem. Sem uma ordem estabelecida seria impossível a existência da ciência.

É a regularidade dos padrões de funcionamento do universo que possibilita uma observação inteligente e as previsões de eventos futuros.

O milagre existe!

O universo não é meramente uma relação físico-química de causa e efeito.

Existem forças sobrenaturais que atuam de forma direta sobre o universo, sendo todas elas comandadas pela ordem do Deus Soberano.

Milagres são atuações de um Deus que controla e sustenta todas as coisas para o louvor de Sua própria glória.

O Universo reflete tanto o Amor quanto a Sabedoria de Deus.

A Sabedoria é vista a partir da ordem e o Amor a partir do cuidado.

A Sabedoria associada ao Amor criou um lugar para nós. Um lugar viável para se existir. Um lugar tão imenso para nos caber, mas tão pequeno para caber Deus. "Mas será possível que Deus habite na terra? Os céus, mesmo os mais altos céus, não podem conter-te" (1 Reis 8.27).

O milagre nos visita quando entendemos que o universo é imenso para o homem e pequeno para Deus.

Deus não cabe no universo, mas cabe no coração do homem, que nesse sentido passa a ser maior que o universo inteiro.

Para caber em um pequeno planeta de um pequeno sistema solar, em uma pequena galáxia, o Deus Eterno se esvaziou de sua glória, se fez menor que o universo, menor que o planeta e habitou entre nós, sentindo na carne toda a atmosfera do mundo que Ele mesmo fez.

> "O Deus de poder, enquanto percorria
> Em suas majestosas roupagens de glória,
> Resolveu parar; e assim um dia
> Ele desceu, e pelo caminho se despia."
> (George Herbert)

"Sendo em forma de Deus, não teve por usurpação ser igual a Deus, mas esvaziou-se a si mesmo, tomando a forma de servo, fazendo-se semelhante aos homens; e, achado na forma de homem, humilhou-se a si mesmo, sendo obediente até à morte, e morte de cruz" (Filipenses 2:6-8).

É o milagre mais maravilhoso, superior à ressurreição dos mortos e à criação dos anjos, superior à criação do próprio universo. O Deus Eterno, Atemporal, Onisciente e Onipresente uniu Sua natureza à natureza humana. O Deus infinito se esvaziou unindo definitivamente a Sua natureza eterna à natureza do homem finito.

O Criador se une à criatura. O pintor se torna parte da tela que ele mesmo pintou. O escritor invade as páginas do livro que ele mesmo escreveu e se torna o seu protagonista.

O Deus Eterno entrou no tempo e no espaço e habitou entre nós. O Deus maior que todo o universo coube dentro de um coxo para animais.

O Deus possuidor de todas as coisas nasceu sem recursos, numa maternidade de cordeiros e bezerros. Sem sapatinho, sem macacãozinho, sem fralda descartável. Enrolado nas mesmas faixas usadas para enrolar os cabritinhos recém- nascidos.

O som que se ouviu na manjedoura de Belém não foi a mesma voz que disse "HAJA" na criação do universo. O que se ouviu foi um choro de bebê que fazia coro com o choro de cada ser humano vivente nessa dimensão, na temporalidade desse universo.

A humanidade chorava e Deus desceu do céu para chorar junto. O Criador tem empatia na mesma medida que tem a solução para todos os males da humanidade.

As descobertas de Edwin Hublle, de Albert Einstein, Georges Lemaître e de tantos outros é semelhante ao trabalho de arqueólogos, que de forma disciplinada se afincam em traduzir um texto escrito num idioma desconhecido. Cada hieróglifo, cada figura, cada sinal, é uma nova estrela, uma nova galáxia, uma nova equação.

Os cientistas trabalham na tradução do Livro do Universo. Cientistas são teólogos que leem cometas, estrelas e galáxias.

Aqueles que acreditam na Palavra de Deus entendem que o Universo tem uma finalidade específica e clara: ser um instrumento que louva a majestosa soberania Daquele que o criou.

A Via Láctea é um estado dentro de um país chamado Universo, que possui medidas inimagináveis e muitas dimensões possíveis. Dentro desse estado moramos em um pequeno bairro na periferia de uma cidade chamada Sistema Solar. O Planeta Terra é esse pequeno bairro!

Existem bairros como Júpiter e Saturno que são bem maiores que o nosso, mas aparentemente, ninguém mora lá! Todavia isso não nos define como moradores únicos nessa imensidão de espaço.

Nas palavras de Carl Sagan, "o espaço é muito grande para ser habitado somente por nós. É muito desperdício de espaço", diz ele em seu livro Contato.

Podemos objetar que Deus criou uma imensidão para o deleite de nossos olhos. Mas nossos olhos não alcançam quase nada da imensidão!

Então objetamos de novo: se não é para nossos olhos, certamente será para deleite de nossos radiotelescópios.

Mas os radiotelescópios não alcançam nem mesmo uma fração de 1% de tudo o que se avalia ser a totalidade do firmamento.

Então porquê Deus criou tanta mensidão? Será que existe um projeto oculto, que pertence somente ao conhecimento Dele? Sim! Isso é certo.

De acordo com a lei física da relatividade geral, o espaço pode se expandir de forma mais veloz que a velocidade da luz. Nossa percepção está limitada a uma pequena parte do universo devido à limitação imposta pela velocidade da luz. Dessa forma, como não podemos observar o espaço para além das limitações impostas pela velocidade da luz (ou qualquer outra radiação eletromagnética), a ciência ainda não sabe se o universo é finito ou infinito.

A Bíblia também não trata de forma clara e objetiva sobre esse tema. O que sabemos é que Deus criou um universo que contém mundos e diversos níveis de realidade.

Num estudo efetuado em 2010, os astrônomos estimaram que o universo observável continha 300 sextilhões ($3x10^{23}$) de estrelas. Somente na Via Láctea, estima que existam 300 bilhões delas.

A maior parte dessas estrelas são maiores do que o nosso Sol.

Para nosso espanto, acredita-se que cada uma dessas estrelas detenha seu próprio sistema planetário, e que cada um desses sistemas de planetas, muito obviamente possua uma ou mais luas viajando sobre suas órbitas.

Seria muita pretensão humana afirmar que Deus construiu um prédio de 300 sextilhões de andares para um casal sem filhos morar.

Pense apenas na Via Láctea. Não precisa viajar para fora dela. Embora existam milhões de outras galáxias, somente as probabilidades da Via Láctea já beiram ao infinito de possibilidades de se encontrar vida fora de nosso planeta, e muito possivelmente vida inteligente.

São tantos planetas! E ainda não temos nem mesmo tecnologia disponível para vislumbrar sua aparência.

Planetas ao redor de outras estrelas são invisíveis aos nossos telescópios.

Eles são pálidos demais para serem observados por telescópios situados na Terra ou mesmo no espaço.

Usemos nossa liberdade de pensamento fazendo uma conta simplória. Consideremos que cada uma dessas estrelas da Via Láctea possua apenas 5 planetas em seu sistema, com nenhuma lua em suas órbitas. Com esse número, teríamos nada menos que 15 bilhões de mundos possíveis.

Sejamos pessimistas ao extremo! Consideremos 0,10% de possibilidade!

Com menos de 1% temos uma quantidade de 15 milhões de planetas habitados com imensa possibilidade de estarem mais avançados tecnologicamente do que o nosso planeta.

Se nossa cifra de possibilidades parece absurda, consideremos que apenas um planeta seja habitado. Isso já seria revolucionário demais para a concepção humana!

Pensamentos como esse, nos deixa assustados. E as Escrituras não tratam disso!

Mas certamente, se houver outro planeta habitado, também para esse outro mundo, o Único Deus verdadeiro é o mesmo. E Sua apresentação é sempre Imutável. Ele é da mesma forma: o Deus Onipresente, Eterno e Tri-Uno.

Acerca do universo existem milhões de possibilidades, mas acerca de Deus só existe uma revelação que obrigatoriamente é a mesma para qualquer ponto do universo.

O Deus da Bíblia é o único Deus. Fora Dele nada existe.

Se por fim esse outro mundo necessita de um plano de redenção, também para esse outro mundo, Cristo é o Redentor.

Ele mesmo disse que "na casa de meu Pai tem muitas moradas" (Jo 14.2). Se essas moradas forem outros planetas, Cristo é o Redentor de todos eles.

UM MUNDO AO CONTRÁRIO. UM BORRÃO.

"O problema é este: há muitos crentes que são tão ignorantes do mundo real como os ateus são ignorantes do mundo da fé" (Morris West).

A imagem refletida nos espelhos antigos tinham a mesma dinâmica ótica dos espelhos atuais: assim como hoje, tudo era visto ao contrário.

Nada mudou. Até hoje os espelhos ainda funcionam da mesma forma, sendo que a diferença entre espelhos antigos e atuais está na qualidade da reflexão. Os espelhos antigos tinham a nitidez infinitamente inferior aos espelhos de vidro banhados de mercúrio pelo lado oposto, que temos em abundância no mercado atual.

Ver uma imagem refletida em um espelho antigo é de fato enxergar por enigma. Além de tudo aparecer ao contrário, tudo é visto sem nenhuma clareza ou nitidez.

O texto de Paulo está concordando que o universo é uma figura manchada e imperfeita da dimensão onde Deus tem sua morada: "Porque agora vemos por espelho em enigma, mas então veremos face a face; agora conheço em parte, mas então conhecerei como também sou conhecido" (1Co 13.12).

Segundo o Apóstolo, a maneira como enxergamos o mundo é uma visão enigmática e imperfeita da realidade.

Lançado em março de 1999, The Matrix (Matrix) é uma produção cinematográfica estadunidense e australiana, dos gêneros ação e ficção científica, dirigido por Lilly Wachowski e Lana Wachowski. A produção foi protagonizado por Keanu Reeves, Laurence Fishburne e Carrie-Anne

Moss. Esse filme fez muito sucesso de bilheteria e até hoje é intrigante àqueles que o assistem.

Em um momento da película, falando acerca do que é realidade, Morpheus causa uma revolução no pensamento de Neo: "O que é real? Como você define o real? Se você está falando sobre o que você pode sentir, o que você pode cheirar, o que você pode saborear e ver, o real são simplesmente sinais elétricos interpretados pelo seu cérebro." Essas palavras de Morpheus estão perfeitamente alinhadas com a Teologia do Apóstolo Paulo.

"Pela fé entendemos que o universo foi formado pela palavra de Deus, de modo que o que se vê não foi feito do que é visível" (Hb 11.3). Esse texto de Hebreus nos coloca diante de uma impactante conclusão: tudo que existe é uma cópia imperfeita do que é perfeito em outro lugar.

A perfeição desse universo sempre foi a real intenção de Deus. Todavia o pecado causou o caos e estabeleceu a imperfeição em todos os níveis de criação.

O Gênesis fala de cardos, espinhos, trabalho penoso e dores de parto (Gn 3:16-19). Mas entenda que o pecado causou uma catástrofe muito maior que apenas condenar o homem a capinar o jardim e a mulher sofrer dores de parto.

As consequências da nossa desobediência no Jardim do Éden estão para além do nível planetário.

O pecado do homem impactou devastadoramente todo o universo.

Por essa razão, não somente o homem, mas também o Planeta Terra e todo o Cosmo são objetos do tratamento redentor da Cruz de Cristo. "E que, havendo por ele feito a paz pelo sangue da sua cruz, por meio dele reconciliasse consigo mesmo todas as coisas, tanto as que estão na terra, como as que estão nos céus" (Cl 1.20).

A missão do Messias é a reconciliação de todas as coisas com o Pai: o homem, seu planeta, seu sistema solar, sua galáxia, o universo inteiro. Não somente o mundo visível, mas todas as dimensões de inteligência superior, os domínios angélicos e as dimensões paralelas.

Para o trabalho de reconciliação, Cristo elegeu a igreja como seu corpo cósmico e a enviou como ferramenta que o Espírito Santo usa para reconciliar pessoas, animais, a terra e todo o universo.

"Isto é, Deus estava em Cristo reconciliando consigo o mundo, não lhes imputando os seus pecados; e pôs em nós a palavra da reconciliação. De sorte que somos embaixadores da parte de Cristo, como se Deus por nós rogasse. Rogamo-vos, pois, da parte de Cristo, que vos reconcilieis com Deus" (2 Co 5:19,20).

Somos embaixadores para o estabelecimento do Reino de Deus.

É através do Corpo de Cristo que a Igreja Invisível irá restaurar cada coisa em seu devido lugar a nível universal.

Pessoas reconciliadas com Deus podem desempenhar essa tarefa. A Igreja Invisível tem uma missão cósmica. Todo o universo depende dela.

O universo geme pela redenção do desastre que o pecado causou. "Porque a ardente expectação da criatura espera a manifestação dos filhos de Deus. Porque a criação ficou sujeita à vaidade, não por sua vontade, mas por causa do que a sujeitou, na esperança de que também a mesma criatura será libertada da servidão da corrupção, para a liberdade da glória dos filhos de Deus. Porque sabemos que toda a criação geme e está juntamente com dores de parto até agora" (Rm 8.19-22).

Esse mundo é provisório e imperfeito. A responsabilidade da igreja é tornar nítida a imagem do Criador. É polir o espelho. "Mas todos nós, com rosto descoberto, refletindo como um espelho a glória do Senhor, somos transformados de glória em glória na mesma imagem, como pelo Espírito do Senhor" (2Co 3.18).

Deus não criou a imperfeição. Tudo que foi criado foi feito de forma bela. Nada é mais belo que Aquele que criou todas as coisas.

Deus é o perfeito paradigma da beleza.

Toda a beleza subsiste Nele, e é Ele quem empresta beleza a tudo que há.

Ele é o Belo e não havia nada criado que fosse tão belo quanto Ele.

Para ver a beleza em sua forma mais plena, Deus sempre olhava pra Si mesmo. E para se enxergar, Deus construiu um espelho de nitidez perfeita. Feito por Suas próprias mãos Deus chamou esse espelho pelo nome de Adão.

Feito à Sua imagem e semelhança, o homem foi essencialmente construído para refletir a imagem de Deus.

O único ser criado como capaz de refletir a imagem do Criador é o Ser Humano. Todavia o pecado comprometeu a fidelidade do espelho. O pecado sujou onde o Criador Se contemplava todas as tardes, enquanto visitava o homem no Jardim.

O pecado privou a Deus de Se contemplar todo dia.

A aparência perfeita do homem foi destruída: o espelho foi manchado.

Com o advento do pecado Deus não podia mais ver aquilo que é mais belo que tudo que existe: a Sua própria imagem, refletida na coroa de Sua criação.

A igreja deve assumir o seu papel diante do plano de redenção. O mundo e o universo serão modificados quando a igreja desempenhar o seu papel.

Dentro do tempo a igreja mostrará a eternidade.

Quando a Igreja Invisível voltar a refletir a imagem do Criador, ela manifestará a glória da perfeição do mundo eterno de Deus em um mundo imperfeito.

A exposição pública de Cristo Crucificado é absolutamente suficiente para atrair o mundo à salvação. Nada além da Cruz.

A igreja não pode se cansar de expor a verdade acerca da Cruz de Cristo.

Somente o Evangelho, e nada mais, é capaz de reinserir o homem ao cumprimento de sua missão primordial.

No Jardim do Éden existiam duas árvores. E as duas se perderam do mundo físico: A Árvore da Vida e a Árvore da Ciência do Bem e do Mal. Ambas não se encontram mais visíveis no planeta Terra. Desapareceram logo após o homem e sua mulher serem expulsos do Jardim.

No dia em que foram expulsos, nada mais seria como havia sido até então.

O mundo imperfeito mostrou sua cara feia ao homem e desde então todos nós vivemos nesse mundo, até agora.

Esse é o mundo das imperfeições, lugar onde tudo é ao contrário. Um lugar borrado pela sujeira do pecado do homem.

Dentro do Jardim a Árvore da Vida era de uma beleza indescritível. Todavia seu reflexo produz uma imagem invertida no nosso mundo.

No mundo imperfeito a Árvore da Vida tem outra aparência: ela é um madeiro seco, sem vida e instrumento de morte.

No mundo imperfeito a Árvore da Vida não está no meio de um jardim, mas no meio de duas outras árvores secas.

O lugar não pulsa vida como no Éden. O cheiro de sangue invade o ambiente no topo árido da montanha do Gólgota.

Na palestina do século primeiro Jesus morreu nesse madeiro. Expirou pendurado nessa árvore da vida, às avessas.

Foi ele quem disse que cada um de seus seguidores deveria tomar sua cruz e segui-lo! Quem se deixa crucificar e morre nesse madeiro, viverá para sempre.

A cruz é: do lado de cá, o que a Árvore da Vida era, do lado de lá.

Por causa da nossa desobediência no Jardim, a mais pura beleza foi comprometida no mais íntimo de sua essência.

No Jardim do Éden, tudo que era Belo tinha o poder de produzir vida. No nosso mundo, a beleza geralmente produz morte. Veja que pessoas encantadas pela suposta beleza desse mundo geralmente se alienam da necessidade de se ter Jesus.

Do lado de cá, no nosso mundo, a feiura da cruz, o escândalo da cruz, é o único caminho de volta para nosso verdadeiro lar.

Dentro do Jardim o homem podia livremente consumir o fruto da Árvore da Vida. Fora do Jardim, o fruto que me concede a vida eterna está na viagem da morte para a vida, que fazemos por meio daquele que disse: "minha carne é verdadeira comida e meu sangue é verdadeira bebida" (Jo 6.55).

O INÍCIO DE TODAS AS COISAS

"O Big Bang clama por uma explicação divina. Obriga à conclusão de que a natureza teve um princípio definido. Apenas uma força sobrenatural, fora do tempo e do espaço, poderia te-la originado. O Deus da Bíblia é também o Deus do genoma. Pode ser adorado na catedral ou no laboratório. Sua criação é majestosa, explêndida, complexa e ela não pode guerrear consigo mesma" (Francis Collins).

O livro Eureka é um trabalho espetacular. Escrito pelo ilustre estadunidense Edgar Allan Poe, esse livro foi publicado em 1848.

Esse intrigante trabalho é um testemunho de que Allan Poe possuía talentos que transcendiam sua fama de grande cronista.

Nesse livro que tem como subtítulo "Um poema em prosa" e, também, "Ensaio sobre o universo material e espiritual", Poe aborda a natureza do universo, envolvendo, em sua discussão, elementos que transitavam pela filosofia e pela ciência.

Em Eureka, o escritor dizia o que pensava acerca da maneira como o universo foi criado e ligava o material ao espiritual, tratando os dois níveis de criação como se fosse uma coisa só composta por duas partes. Na concepção do autor, o universo foi criado por Deus sem que nenhuma matéria pré-existente houvesse. Para Poe, antes de todas as coisas surgirem à existência, o universo inteiro era uma partícula primordial explosiva.

Poe buscava uma resposta e ele estava no caminho certo.

Eureka é um livro inspirador em todos os sentidos. Inspirador por causa do que Allan Poe escreveu e muito mais ainda porque o escritor ousou pensar sobre todas essas coisas.

Isso também é o que faremos. Iremos buscar respostas tendo a Bíblia como lâmpada para os pés durante a caminhada (Sl 119:105).

Sabemos que nem tudo é pra ser plenamente conhecido (Dt 29:29). Deus tem segredos infinitos para serem revelados.

Alguns desses segredos nos são revelados agora, mas ainda existem um infinito de mistérios para que pela eternidade possamos "conhecer, e prosseguir em conhecer ao Senhor" (Os 6:3).

"Nem tudo precisa ser revelado. Todo mundo deve cultivar um jardim secreto" (Lou Salomé). Quando escreveu essa frase a escritora russa se direcionava especificamente a seres humanos, todavia podemos com certeza afirmar que o Criador também tem seu 'jardim secreto', e, não nos revelou tudo de uma vez. Ele guardou muita revelação para recebermos durante a eternidade, onde vamos viver em níveis superiores de criação, perseguindo o conhecimento de Deus. "Ó profundidade da riqueza da sabedoria e do conhecimento de Deus" (Rm 11:33).

De nossa parte temos o prazer que a coragem nos dá para buscar respostas (Os 6:3).

Sabemos que nunca conseguiremos saber de tudo, mas o que isso importa? Será que a resposta é superior à pergunta? Onde está o prazer do estudioso? Na resposta ou na formulação de novas questões?

Eu entendo que o prazer do conhecimento não está na linha de chegada, mas na vitória sobre cada obstáculo do caminho.

Cada nova pergunta indica que evoluímos em relação à resposta anterior. Cada resposta traz consigo, em seu íntimo, a base para formulação de um novo questionamento, mais arrojado, com certeza.

As únicas coisas que iremos conseguir de fato, com uma eternidade inteira de dedicação aos estudos, será aumentar a quantidade de perguntas e evoluir a qualidade delas.

O HERMON E O JORDÃO

No norte de Israel existe uma concentração de montanhas chamada de Colinas de Golan. Com 2.814 metros de altitude, uma dessas montanhas é chamada de Montanha Nevada. É o Monte Hermon que tem o seu pico quase sempre coberto de neve, enquanto as terras ao redor queimam pelo sol de verão.

Nas encostas do monte Hermon nasce o mais importante rio de Israel. Quando o calor chega de forma abrupta nessa montanha, a neve derrete e corre para o sul através do sinuoso Rio Jordão. Essas águas chegam ao Mar de Tiberíades, mais popularmente conhecido como Mar da Galiléia.

Com a chegada dessas águas no Mar da Galiléia, o lugar se enche de vida e tudo ao redor viceja. Saindo dali, essas águas continuam correndo sinuosamente em direção ao ponto mais baixo da Terra que está a 400 metros abaixo do nível do mar. Um imenso lago chamado de Mar Morto, onde nenhum tipo de vida evolui.

As águas oriundas do Monte Hermon formam o Rio Jordão que por sua vez formam o imenso Mar da Galiléia.

É no Monte que tudo começa!

O TRONO DE DEUS E O CIRCULO NAS ÁGUAS

No mais alto céu ao norte, onde se assenta o Todo Poderoso, existe uma montanha chamada de O Monte da Congregação (Is 14.13). Do Trono de Deus e do Cordeiro nasce um rio. As águas nascem na presença do Senhor e alegram todo o lugar: "Há um rio cujas correntes alegram a cidade de Deus, o santuário das moradas do Altíssimo" (Sl 46:4). Essas águas vivas desaguam num imenso mar de cristal. O que João e Daniel viram foi uma mistura de água e fogo (Dn7:9,10; Ap 22.1; Ap. 4.6).

O que é físico serve de metáfora do que é espiritual.

O Monte Hermon é o equivalente físico do Monte da Congregação e o Mar da Galiléia é a manifestação física do Lago de Cristal, o Mar das Águas Primordiais.

Em um determinado momento da intenção do Criador, no meio do Mar de Cristal foi aberto um círculo. Intencionalmente esse círculo buscava a extremidade das trevas.

Salomão quando escreveu Eclesiastes estava no último ciclo de sua vida. Aquele era o momento em que o Rei se encontrava na plenitude da sua sabedoria. Em um de seus textos do Livro do Pregador, Salomão falava de uma sabedoria muito profunda, para além do universo material.

Nesse texto ele falava sobre o início de todas as coisas: "Lança o teu pão sobre as águas, porque depois de muitos dias o acharás. Reparte com sete, e ainda até com oito, porque não sabes que mal haverá sobre a terra" (Ec 11.1,2).

Deus lançou seu pão sobre as águas. O impacto do pão formou o círculo. Uma onda sobre as águas vivas, oriundas do Trono do Altíssimo.

O pão lançado na superfície do lago, e o lago com suas águas calmamente paradas teve seu destino mudado para toda eternidade.

A perturbação na água causada pelo impacto do pão causou um movimento de ondas em forma de circunferência, que se afastavam harmonicamente do ponto do impacto ao centro.

O pão de Deus tem nome: Ele é Jesus! O próprio Cristo que se intitula por esse nome eterno. "Eu sou o pão da vida" (Jo 6:48).

O pão que movimenta as águas e dá origem a todas as coisas porque Ele é o criador de todas elas. "A quem constituiu herdeiro de tudo, por quem fez também o mundo" (Hb 1:2), "No princípio era o Verbo, e o Verbo estava com Deus, e o Verbo era Deus. Ele estava no princípio com Deus. Todas as coisas foram feitas por ele, e sem ele nada do que foi feito se fez" (Jo 1:1-3).

As Águas do Mar de Cristal são as Águas Primordiais. A partir da matéria prima das Águas Primordiais o Criador trouxe à existência todas as coisas.

E tudo foi feito conforme o texto de Eclesiastes: "Reparte com sete, e ainda até com oito, porque não sabes que mal haverá sobre a terra" (Ec 11:2).

Tudo foi criado e estabelecido em seis dias, com um dia para descanso.

A soma de sete dias é o prefácio da história de todas as coisas. O oitavo dia é o Milagre.

Desde o início, tudo foi perfeitamente projetado, incluindo até mesmo a necessária saída de socorro para o sabido colapso.

Deus incluiu na criação o que Salomão referencia como Oitavo Dia.

O texto de Eclesiastes vem com uma provisão profética incluída no plano inicial da criação: "e ainda até com oito", deixando implícito que havendo um mal sobre a terra, um oitavo dia da criação já estava providenciado.

O OITAVO DIA DA CRIAÇÃO

Segundo a história, os primeiros cristãos, tinham o Domingo como o primeiro dia da semana, mas não só isso. Eles também consideravam o domingo como o oitavo dia, dando a essa interpretação uma conotação espiritual que simbolizava o mundo recriado após a Ressurreição de Jesus. Esse conceito de Oitavo Dia, chamado de Dia do Senhor, era para eles entendido de forma somente simbólica e por isso aceitavam sem resistência a definição do calendário regular, considerando que o Oitavo Dia não tinha efeito sobre a semana de sete dias em termos de Calendário.

Um dos Pais da Igreja, Justino Mártir escreveu: "o primeiro dia após o Sabbath, permanecendo como o primeiro de todos os dias, é chamado, porém o oitavo, conforme o número de todos os dias do ciclo e, assim continua sendo o primeiro". Assim a igreja primitiva e a pós-primitiva consideravam os dias da semana: para eles, a semana possuía duas definições, uma antes e outra depois de Cristo.

Até nos dias de hoje a Igreja Católica preserva esse conceito de Oitavo Dia. Um período de oito dias, iniciando e terminando num Domingo ou iniciando e terminando em qualquer outro dia da semana seguinte (semana de 7 dias), é chamado de uma oitava (oitava litúrgica).

Por muitos séculos essa foi uma marca espiritual deveras importante do calendário litúrgico (principalmente) da Igreja Católica Apostólica Romana, o qual ainda é observado atualmente, embora a ocorrência dessa prática tenha muito se reduzido.

Tomara que o mundo não se esqueça desse conceito importante e verdadeiro do espírito do Cristianismo. Tomara que a igreja ensine essa verdade ao mundo.

Foi no Oitavo Dia da Criação que o Plano de Redenção foi elevado ao seu mais alto patamar.

O Oitavo Dia é a manifestação final do Criador após sua caminhada entre os seres humanos. Cristo andando por esse planeta, obteve vitória definitiva sobre a criação que Ele mesmo fez.

"Reparte com sete, e ainda até com oito, porque não sabes que mal haverá sobre a terra" (Ec 11:2). O mal que se estabeleceu sobre a terra foi destruído porque os dias da Criação não foram repartidos entre seis ou sete dias, mas em oito.

Vivemos no Oitavo Dia e temos a esperança de que "se tardar, espera-o, porque certamente virá, não tardará" (Hb 2:3).

A vitória já se deu na eternidade, e hoje a igreja deve estabelecê-la na temporalidade.

OS DOIS LADOS DO ESPELHO

Ao fitarmos a descrição do Lago das Águas Primordiais podemos reconhecer nele, os dois lados do espelho. O espelho perfeito e o espelho imperfeito.

Aquele espelho borrado pelo nosso pecado e que após a nossa queda no Jardim passou a refletir o mundo ao contrário.

O mundo perfeito é o lado do Trono de Deus - a superfície das águas.

O lado sem nitidez é o nosso mundo que foi submerso após a desobediência a Deus.

Após o evento catastrófico do Jardim, o mundo saiu da superfície do lago e se afundou sob as águas do Mar de Cristal.

Na superfície das águas tudo é espiritual e tudo se sobrepõe à materialidade.

Abaixo da superfície tudo é material e passa a ser visto a partir do inconsciente coletivo, denominado Véu da Realidade.

Submerso às águas do Lago das Águas Primordiais, toda a visão da Eternidade é obscurecida pela refração das imagens vistas sob as águas. O nosso mundo é a visão do mergulhador, que de olhos abertos sob as águas olha para o mundo exterior. Quanto mais profunda for sua aventura, maior será a obscuridade da sua visão, até que finalmente, envolvido pela turbidez das águas, passe a nada mais enxergar, senão a escuridão a sua volta.

Do nosso lado, a imagem do mundo real é refletida num espelho sem nitidez. Segundo as escrituras, um espelho de bronze fundido.

Jó foi interrogado pelo próprio Deus: "pode ajudá-lo a estender os céus, duros como espelho de bronze?" (Jó 37.18). Naturalmente a referência é a Idade do Bronze, cerca de 3.000 a.C.

As primeiras superfícies planas construídas com a capacidade de refletir imagens surgiram há cerca de cinco mil anos na Suméria, onde hoje é a região do Iraque atual.

Os espelhos antigos não produziam imagens nítidas, pois eram feitos em placas de bronze polidas com areia.

Saindo da Suméria, esses pesados espelhos de metal chegaram às mãos dos povos gregos e romanos e a partir de então foram disseminados em alguns países da Europa até se tornarem plenamente conhecidos em todo o continente Europeu no final da Idade Média. Nas palavras do Engenheiro Hélio Goldestein, da USP: "Até por volta do século 13, os espelhos eram feitos de metal polido, ligas de prata ou bronze com dureza suficiente para aguentar o processo de polimento mecânico e não se riscar facilmente". Apenas no início do século 14 surgiram os primeiros espelhos de vidro desenvolvidos por artesãos da cidade de Veneza, na Itália, que de forma brilhante desenvolveram uma liga de estanho e mercúrio que ao ser aplicado sobre uma superfície de vidro plano, formava uma fina camada refletora na superfície oposta do vidro.

Como ficaram conhecidos a partir de então, os espelhos venezianos se tornaram imediatamente famosos em função da qualidade da reflexão das imagens.

Durante muitos anos os espelhos venezianos dominaram o mercado de espelhos. Todavia havia um grande problema no seu processo de fabricação. O custo era extremamente alto e a produção causava problemas de saúde nos artesãos, que se contaminavam com o mercúrio, metal pesado, altamente cancerígeno.

Somente no século dezenove foram desenvolvidas novas técnicas para espelhar o vidro com prata química, excluindo a necessidade do mercúrio. Essa nova técnica, mais barata, mais simples e muito mais segura, popularizou o mercado de espelhos por todos os países do mundo.

O espelho de bronze é o parâmetro de Jó. Afinal, aquele era o único espelho que Jó conhecia. Um espelho sem qualidade, sem imagem nítida. Uma perfeita metáfora do mundo visto sob a turbidez das águas. "os céus, duros como espelho de bronze".

O PÃO E O BIG BANG

O impacto do pão sobre as águas é o que a moderna ciência chama de Big Bang – a grande explosão!

O Lago sob o Trono de Deus é o lugar onde nosso universo existe e se expande, exatamente como a expansão de uma onda provocada por um objeto lançado nas águas calmas de um lago.

Nas palavras do Apóstolo Pedro encontramos apoio para prosseguirmos na busca pelo entendimento: "Mas eles deliberadamente se esquecem de que há muito tempo, pela palavra de Deus, existiam céus e terra, esta formada da água e pela água" (2Pe 3.5).

Formada da água. Formada pela água.

As águas formadoras de toda a vida existente são as águas vivas que nasceram do Trono de Deus e que descansavam mansamente no imenso Lago das Águas Primordiais que fica defronte e aos pés do Trono de Deus. Após o impacto do Pão Vivo, essas águas produziram tudo o que existe.

"E a terra era sem forma e vazia; e havia trevas sobre a face do abismo; e o Espírito de Deus se movia sobre a face das águas" (Gn 1.2).

O texto de Gênesis não se refere apenas às águas do nosso planeta. O texto é muito mais profundo e se refere às águas do Lago de Deus – o grande Lago das Águas Primordiais.

O círculo produzido pelo toque do Pão na superfície das águas está em constante expansão. Essa é expansão produzida pelo "HAJA" que continua sendo ouvido e obedecido pela onda.

Em todas as direções o círculo viaja expandindo os seus limites. Dentro desse círculo, o que se move com maior velocidade é a luz a aproximadamente 300 mil quilômetros por segundo.

Por mais fantástica e inatingível nos pareça essa velocidade, entenda que a expansão do círculo viaja mais rápido.

Até mesmo a velocidade da luz é inferior à velocidade de expansão do círculo sobre as águas.

O que está do lado de dentro do círculo é o nosso universo!

O que está do lado de fora são as trevas exteriores. "... serão lançados nas trevas exteriores; ali haverá pranto e ranger de dentes" (Mt 8:12). "Disse, então, o rei aos servos: Amarrai-o de pés e mãos, levai-o, e lançai-o nas trevas exteriores; ali haverá pranto e ranger de dentes" (Mt 22:13).

Antes da queda do homem, o universo funcionava na superfície das águas. Com a queda, houve a submersão.

O universo surgiu de um único ponto, menor do que a picada de uma agulha.

Concordando com a ciência, creio que o universo está em expansão e caminha para atingir os limites das trevas.

A onda provocada pelo Pão lançado sobre as águas pelas mãos do Altíssimo provocou uma onda que só vai se dissipar quando for alcançada a extremidade do Lago.

NO PRÍNCIPIO TUDO ERA LÍQUIDO

"Deus projetou a natureza com habilidade e engenho consideráveis, e a tarefa da física das partículas é revelar parte desse projeto e a aparente sintonia fina entre as leis naturais necessárias para que a vida possa evoluir no universo" (Paul Davies).

O UNIVERSO LÍQUIDO

As mais avançadas experiências do Centro Europeu de Pesquisas Nucleares (CERN) indicam que no universo, tudo começou como um líquido. Os cientistas esperavam que as partículas formadas pela colisão atômica fossem sólidas ou gasosas, mas ficaram impressionados quando concluíram que não foi bem assim.

A Organização Européia para a Pesquisa Nuclear (em francês: Organisation Européenne pour la Recherche Nucléaire), mundialmente conhecida como CERN (Conseil Européen pour la Recherche Nucléaire), está localizado na comuna suíça de Meyrin, no Cantão de Genebra, na fronteira entre a França e a Suíça. O CERN é o maior laboratório de física de partículas do mundo e lá estão sendo produzidos mini Big Bangs através da colisão de núcleos atômicos maciços de chumbo, a uma velocidade muito próxima à velocidade da luz.

Segundo as mais recentes evidências promovidas por essas experiências, nos primeiros milionésimos de segundo, tudo naqueles mini-universos é de composição líquida.

O experimento ALICE que é um dos quatro gigantescos detectores do LHC (Large Hadron Collider - O Grande Colisor de Hádrons), desenvolvido especialmente para estudar mini Big Bangs, detectou cerca de 18.000 partículas logo após cada colisão entre os íons de chumbo.

Os cálculos mostraram que quando os choques acontecem, são produzidas elevadas temperaturas de até 10 trilhões de graus celsius. Sob a ação dessa temperatura nenhuma matéria no universo mantém sua forma original.

Submetidas a essas temperaturas, os físicos calculam que toda a matéria normal se derreta assumindo a forma de uma espécie de 'sopa' primordial, denominada de plasma de quarks-glúons.

O plasma de quark-glúons (quark-gluon plasma) é uma fase da cromodinâmica quântica (QCD - quantum chromodynamics) que se manifesta quando a temperatura e/ou a densidade de determinada experiência ou fato são extremamente elevadas.

O estado plasma de quark-glúons se compõe naturalmente, de quarks e glúons (quase) livres, que são os componentes elementares da matéria. Tudo que existe, basicamente é composto por esses dois elementos.

As mais recentes pesquisas do CERN levaram a comunidade científica a acreditar que durante o período dos primeiros 20 a 30 micro-segundos após o Big Bang, tudo era uma sopa aquosa de Quarks e Glúons.

O universo começou como uma bola de energia que se transformou em uma sopa de quarks.

A alta temperatura transformou tudo em plasma de quark-glúons.

Impossível não ser remetido às Escrituras para perceber que a mistura Fogo e Água são os elementos componentes do rio que brota do trono de Deus.

Foi essa mistura fantástica que João Evangelista e o Profeta Daniel viram brotando sob o trono de Deus e formando o Lago das Águas Primordiais. O que João e Daniel viram foi uma mistura de água e fogo (Dn7:9,10; Ap 22.1; Ap. 4.6).

"E mostrou-me o rio puro da água da vida, claro como cristal, que procedia do trono de Deus e do Cordeiro" (Ap 22:1). "E ao redor do trono havia vinte e quatro tronos; e vi assentados sobre os tronos vinte e quatro anciãos vestidos de vestes brancas; e tinham sobre suas cabeças coroas de ouro. E do trono saíam relâmpagos, e trovões, e vozes; e diante do trono ardiam sete lâmpadas de fogo, as quais são os sete espíritos de Deus. E havia diante do trono um como mar de vidro, semelhante ao cristal. E no meio do trono, e ao redor do trono, quatro animais cheios de olhos, por diante e por detrás" (Ap 4:4-6). "Eu continuei olhando, até que foram postos uns tronos, e um ancião de dias se assentou; a sua veste era branca como a neve, e o cabelo da sua cabeça como a pura lã; e seu trono era de chamas de fogo, e as suas rodas de fogo ardente. Um rio de fogo manava e saía de diante dele; milhares de milhares o serviam, e milhões de milhões assistiam diante dele; assentou-se o juízo, e abriram-se os livros" (Dn 7:9,10).

Água e fogo conviviam pacificamente como compostos do Lago das Águas Primordiais aos pés do Trono de Deus. Quando a superfície calma foi tocada pelo Pão Vivo de Deus, o Big Bang aconteceu.

No princípio, entre os iniciais 20 a 30 micro-segundos, antes de se formar, o universo era a mistura de água e fogo: a composição elementar do Lago das Águas Primordiais.

Após a passagem desse micro-tempo, tudo começou a se fazer de forma autônoma. Essas são as três variáveis da equação da criação:

LAGO DAS ÁGUAS PRIMORDIAIS = Matéria prima

PÃO VIVO = Energia criadora

ESPÍRITO DE DEUS = Catalizador

Tudo era adequado ao projeto da criação.

Havia quantidade de matéria prima em abundância, havia a intenção do Primogênito de Toda Criação em usar o seu poder e aplicar sua energia para disparar o processo, e finalmente havia a disposição do Espírito de Deus em catalisar a criação e organizar cada átomo para seu devido lugar dentro de uma perspectiva universal.

O ESPÍRITO DE DEUS PAIRAVA SOBRE A FACE DAS ÁGUAS

"E a terra era sem forma e vazia; e havia trevas sobre a face do abismo; e o Espírito de Deus se movia sobre a face das águas" (Gn 1.2).

O segundo versículo do Livro do Gênesis é composto por três frases absolutas:

"E a terra era sem forma e vazia;"

"e havia trevas sobre a face do abismo;"

"e o Espírito de Deus se movia sobre a face das águas"

Perceba que todas as frases que compõe o versículo são separadas por ponto e vírgula (;), indicando que se trata de uma enumeração de eventos coordenados que embora não sejam a mesma coisa, possuem uma relação entre si.

"E a terra era sem forma e vazia;"

Não tinha forma e não tinha nada, porque ainda não tinha sido formada. A formação da terra é um evento posterior aos primeiros acontecimentos do primeiro capítulo do Gênesis.

"e havia trevas sobre a face do abismo;"
Tudo que está abaixo da superfície do Lago das Águas Primordiais é abismo. A escuridão do abismo é a turbidez do momento inicial da criação, onde tudo era líquido e todos os elementos químicos existentes estavam misturados em uma grande sopa de quark-glúons.

"e o Espírito de Deus se movia sobre a face das águas."
Esta é a ação do Espírito Santo a nível cosmológico e não apenas terrestre. O Espírito de Deus pairava sobre o Lago aos pés do Trono do Altíssimo, e é naquele lugar que a Providência Divina controlava o efeito das ondas causadas pelo impacto do Pão que o Altíssimo lançou sobre a face das águas.

COMO A GALINHA AJUNTA SEUS PINTOS DEBAIXO DAS ASAS

O sentido literal de Gênesis 1.2 sugere a ação de uma galinha que se deita sobre seus ovos. Está implícito no texto o sentido de proteção, conservação da vida e geração de existência. Trata-se de organizar os átomos e as forças naturais, conferindo a cada coisa o seu devido lugar e sua devida função.

O embrião, mediante o processo de divisão celular se transforma em um organismo vivo: um filhote. Esse processo biológico de transformação de uma única célula em um ser vivo depende exclusivamente do trabalho dedicado da galinha.

A temperatura interna do ovo tem que ser constante - cerca de 37,8 graus Celsius. Nesse evento trivial da natureza, a beleza da criação se manifesta na programação sutil da intuição dos animais: a galinha se deita sobre o ovo, apoiando o ventre sobre o embrião.

A beleza da vida causa deslumbramento!

De todo o corpo da galinha, seu ventre é a única parte onde não crescem penas. Na época da incubação, em função da perpetuação da existência, o corpo desse animal se altera drasticamente. Se em função das mudanças climáticas o clima está frio ou se faz calor, o corpo do animal se adequa de forma maravilhosa.

O corpo modifica a circulação sanguínea, e se necessário for, ele pode até mesmo provocar um estado febril no animal. Tudo isso acontece para que a vida aconteça, e para que o mistério da existência se estabeleça.

O Espírito de Deus agiu assim! Esse foi o trabalho catalisador na criação de todas as coisas.

O Espírito Santo estabeleceu ordem e deu origem à vida a partir da matéria prima e da energia. Após a conclusão de toda obra, estando o homem definitivamente gerado, a obra do Espírito de Deus para a criação estava terminada e todas as coisas funcionavam pelas leis da física e da química, conforme estabelecidas no projeto do Grande Arquiteto.

QUANTAS VEZES EU QUIS AJUNTAR OS TEUS FILHOS... E TU NÃO QUISESTE

O universo foi criado sobre a superfície do Lago com dimensões de comprimento, largura e profundidade. Tudo começou no nível mais elevado da altura do Lago, onde era absolutamente sublime. Não havia possibilidade de se fazer nada melhor do que havia sido feito.

O pecado surgiu na rebelião de Lúcifer contra o Criador e se deu acima da superfície do Lago. O inimigo rebelou-se contra a soberania de Deus e invadiu as ondas temporais.

O Inimigo de Deus se tornou inimigo daquele que Deus mais amava: o homem. Entrando no Universo, o Mal levou o homem à perdição.

Por causa do primeiro pecado o universo inteiro submergiu para a escuridão.

O que o Inimigo não sabia era que Deus o estava usando para um propósito maior. Com o aparecimento da dualidade do Bem contra o Mal, Deus inaugurava o início de um plano cósmico chamado Graça. E pelo plano da Maravilhosa Graça, o Eterno estabelecia uma maneira perfeita de louvar a Si mesmo.

O homem é a ovelha que se perdeu, a dracma que se soltou do colar, o filho que preferiu estar alienado do Pai. O ser humano é o pintainho que após ser gerado de modo especial e admirável, fugiu do calor do ventre do Pai dos Espíritos (Hb 12.9).

A Graça de Deus é um plano complexo, que existia como intenção de Deus, desde muito antes da invenção do pensamento e tudo começou com a criação dos mundos.

O Espírito Santo coordenou a criação do universo fazendo tudo maravilhosamente belo. A beleza durou por um tempo, até o dia em que o homem, a coroa da criação, quis se divorciar de seu Criador.

No fatídico dia em que o pecado matou o homem, o Criador manteve sua rotina e, no fim da tarde foi se encontrar com seu Melhor Amigo. Todavia o Amigo não estava no ponto de encontro (Gn 3.11). O primeiro homem se perdeu, e com ele, todos nós nos perdemos, pois todos nós éramos aquele homem.

"Quantas vezes Eu quis reunir os teus filhos, como a galinha acolhe os seus pintainhos debaixo das suas asas, e tu não quiseste" (Mt 23.37).

Esse era o anseio e a maior motivação da missão de Jesus: buscar o que se havia perdido; trazer de volta para debaixo da proteção do Criador aqueles pintainhos rebeldes, que se apartaram da ninhada.

Jesus foi até o fim cumprindo toda a lei e todas as profecias. Após o cumprimento de sua obra, Cristo foi ascendido aos Céus. E os pintainhos? O que seria deles sem a presença do Salvador?

Os discípulos não foram abandonados no vazio da existência sem a companhia do Mestre. Antes de partir Jesus havia prometido que o Consolador viria: "E eu rogarei ao Pai, e ele vos dará outro Consolador, para que fique convosco para sempre; o Espírito de verdade, que o mundo não pode receber, porque não o vê nem o conhece; mas vós o conheceis, porque habita convosco, e estará em vós. Não vos deixarei órfãos; voltarei para vós" (Jo 14:16-18). Ele veio! A partir do Dia de Pentecostes os discípulos estavam sob o cuidado do Espírito Santo (At 2:1-47).

O Oitavo Dia da Criação começou com a descida do Espírito Santo.

Como responsável pela continuidade da obra do Filho, o Espírito iria começar o trabalho no homem promovendo o Novo Nascimento.

O Espírito tem sua maneira de trabalhar. Ele sempre faz tudo a partir da mesma metodologia. Da mesma maneira que Ele teve sua participação na construção do homem, a partir do Oitavo Dia ele usaria os mesmos métodos para realizar a reconstrução.

O Novo Nascimento é a ressurreição do espírito do homem, que morreu no dia em que o homem pecou: "... porque no dia em que dela comeres, certamente morrerás" (Gn 2:17). O homem morreu no mesmo dia e na mesma hora em que pecou.

O Novo Nascimento é uma volta à gênese de todas as coisas: "... e o Espírito de Deus pairava sobre as águas" - O Novo Nascimento do homem se processa pelo mesmo método que foi usado para o nascimento do Universo: da água e do Espírito.

"Na verdade, na verdade te digo que aquele que não nascer da água e do Espírito, não pode entrar no reino de Deus" (Jo 3.5).

Por definição físico-química, o Catalisador é uma substância que reduz a energia de ativação de uma reação e aumenta a sua velocidade de processamento, sem, contudo, participar dela. O catalisador possui o poder de acelerar uma reação química sem alterar a natureza da composição química dos seus reagentes e produtos. O uso de catalisadores em reações químicas, não altera a quantidade de substância nela produzida, mas acelera o processo conferindo estabilidade à mistura e ao resultado.

A obra do Espírito Santo é assim: usa a matéria prima do Pai e o Poder do Filho, e faz tudo acontecer de forma coordenada e absolutamente admirável.

Tudo começou como um líquido, e, tudo recomeça pelo líquido.

Sem a ação do Consolador nada se fez e nada se faz!

O Espírito Santo que em seis dias catalisou a construção do universo, no Oitavo Dia passa a catalisar a reconstrução do Homem.

ASSIM NA TERRA COMO NO CÉU

"Palavras secretas de Hermes: É verdade, sem mentira, certo e muito verdadeiro. O que está em baixo é como o que está em cima, e o que está em cima é como o que está em baixo, para realizar os milagres de uma coisa única. Assim como todas as coisas foram e procedem do Um, pela mediação do Um, assim todas as coisas nasceram desta coisa única, por adaptação" (axioma da Tábua de Esmeralda de Hermes Trimegisto).

Todos os fenômenos físicos estão ligados por uma cadeia de ação e reação. Tudo está interconectado e conjuntamente formam uma unidade.

As leis que governam fenômenos nos confins de uma galáxia são as mesmas leis que governam o funcionamento do nosso planeta. A forma como o vento sopra sobre a terra, e a forma como os neurônios do seu cérebro se comportam são regidos pelos mesmos princípios que ordenam a formação de uma nova estrela e a rota dos cometas.

Tudo é a mesma coisa porque tudo é formado dos mesmos elementos químicos e regidos pelas mesmas leis da física. Trata-se apenas de combinações atômicas diferentes, e da forma como essas ligações se comportam para formar novas substâncias.

Todos os átomos do universo são todos os mesmos átomos da tabela periódica, nem mais, nem menos. "Na natureza nada se cria, nada se perde, tudo se transforma" (Antoine Lavoisier).

Nesse sentido, a matemática e a física são matérias soberanas, e suas equações têm a capacidade de expressar o funcionamento de tudo o que existe.

"Assim na terra como no céu", "nada há de novo debaixo do sol" pois, "o que foi, isso é o que há de ser; e o que se fez, isso se fará" (Ec 1:9).

REALIDADE EM CAMADAS

O ser humano é o universo em miniatura.

Tudo que existe é orientado pela máxima de Jesus: "assim na terra como no céu" (Mt 6:10) ou seja "pela fé entendemos que os mundos pela palavra de Deus foram criados; de maneira que aquilo que se vê não foi feito do que é aparente" (Hb 11:3).

Tudo que há, existe em camadas de realidade, sendo cópia uma das outras. Descortinar essas camadas é semelhante a retirar as pétalas de uma cebola; retiramos uma pétala e logo aparece outra cuja aparência por mais que se assemelhe à anterior, ainda é diferente. Assim sucessivamente vamos removendo as pétalas até que chegamos ao núcleo do bulbo.

A concepção geométrica usada pelo Grande Arquiteto para a criação do Universo é obviamente superior à nossa limitada compreensão. Estar diante de tamanha grandeza nos paralisa de admiração.

O Apóstolo dos Gentios, tão pasmado quanto qualquer um de nós, exprimiu esse sentimento de estupefação na carta que escreveu aos cristãos de Roma: "Ó profundidade das riquezas, tanto da sabedoria, como da ciência de Deus! Quão insondáveis são os seus juízos, e quão inescrutáveis os seus caminhos! Por que quem compreendeu a mente do Senhor? ou quem foi seu conselheiro?" (Rm 11:33,34).

A mente do Criador projetou um arrojado sistema de proporção e correspondência que pode ser percebido a partir de dois pontos: o Concreto e o Simbólico-Abstrato. Somente através da percepção dessas abordagens é que poderemos avançar rumo ao conhecimento dos mistérios do universo.

Essas abordagens são equivalentes, todavia nossa percepção do que é concreto e do que é simbólico-abstrato varia de acordo com a realidade. Perceba que a chuva faz correspondência às lágrimas, que os rios fazem correspondência à corrente sanguínea, que as sete cores do arco-íris fazem correspondência às sete notas musicais e que a progressão musical faz um paralelo com a sequência numérica de Fibonacci.

Leonardo Fibonacci foi um matemático italiano, que nasceu em 1170, e morreu depois do ano de 1240. Ele é considerado por alguns historiadores como o maior matemático ocidental da Idade Média. Entre todos os seus trabalhos, a sua maior descoberta foi uma sequência numérica que leva o seu nome. A sequência de Fibonacci foi constatada a partir da observação da reprodução de coelhos; essa sequência começa com o número 1 e continua somando o número da vez com o seu anterior. Assim, o segundo número na sequência também é 1 e logo:

1
1
1+1=2
2+1=3
3+2=5
5+3=8
8+5=13
13+8=21
21+13=34
34+21=55
55+34=89 e assim infinitamente.

A Sequência Fibonacci é um perfeito exemplo de que existe correspondência em tudo que existe no universo. Tudo é correspondente e equivalente.

O que a concha do caramujo tem a ver com as presas do elefante? O que o rabo do camaleão tem a ver com a flor do girassol? O que o fruto da pinha tem a ver com a disposição dos versos da Ilíada de Homero? Ou o que a Monalisa tem a ver com a disposição dos blocos de pedra usados na construção das Pirâmides do Egito? Tudo que foi citado é equivalente e é comandado pela mesma lei numérica: tudo se explica pela sequência numérica descoberta por Leonardo Fibonacci.

Deus criou todas as coisas usando princípios matemáticos: "Assim na terra como no céu". Trouxe à existência um universo construído em camadas e que se explica de forma fragmentada a partir da Fé: "Ora, a fé é o firme fundamento das coisas que se esperam, e a prova das coisas que se não vêem" (Hb 11:1).

Aquilo que a ciência ainda não explica, poderia ser mais rapidamente explicado se os cientistas usassem a fé como ferramenta de trabalho.

Acerca de Abraão o texto de Hebreus se aprofunda dizendo: "Pela fé Abraão, sendo chamado, obedeceu, indo para um lugar que havia de receber por herança; e saiu, sem saber para onde ia. Pela fé habitou na terra da promessa, como em terra alheia, morando em cabanas com Isaque e Jacó, herdeiros com ele da mesma promessa. Porque esperava a cidade que tem fundamentos, da qual o artífice e construtor é Deus" (Hb 11:8-10). Abraão não quis investir seus recursos financeiros nessa camada da realidade, optando por não criar raízes nesse mundo. Ele habitou sua própria terra como se fosse terra alheia e morou em cabanas porque não queria construir nada que fosse definitivo na terra. É por isso que Abraão não construiu um palácio. O Pai da Fé não queria nada que tivesse seus alicerces fincados no chão, afinal, seus pés não estavam na terra.

Abraão e seus filhos não queriam nada que os prendessem nesse véu da realidade. Esses homens extraordinários entenderam que tudo era um reflexo do que estava acima. Eles não queriam amar o reflexo pois almejavam a realidade superior.

O PRINCÍPIO DA CORRESPONDÊNCIA

O Princípio da Correspondência de Hermes Trimegisto assegura: "O que está em cima é como o que está em baixo; e o que está embaixo é como o que está em cima".

Deus fez o homem à Sua imagem e à Sua semelhança: "E disse Deus: Façamos o homem à nossa imagem, conforme a nossa semelhança" (Gn 1.26). Se Deus fez o homem à Sua imagem e semelhança, o que mais não seria correspondente?

Na continuidade do Livro de Gênesis vemos que o conceito de correspondência é passado do Criador para a coroa da sua criação: "E Adão viveu cento e trinta anos, e gerou um filho à sua semelhança, conforme a sua imagem, e lhe colocou o nome de Sete" (Gn 5:30).

Deus fez Adão à Sua imagem e Semelhança, logo Adão fez Sete à sua imagem semelhança. Note que Adão é imagem e semelhança de Deus, e que Sete, é imagem e semelhança de Adão.

Tudo está conectado e tudo é equivalente. O que está em cima é análogo ao que está embaixo, logo, o que está embaixo é análogo ao que está em cima.

Não se trata de coisas iguais: são análogas, são imagem e semelhança. Não se assuste se um dia você chegar à conclusão de que a maneira como você pilota o seu carro é imagem e a semelhança da maneira como você dirige a sua própria vida.

Não pasme se um dia você perceber que a arrumação da sua gaveta de roupas íntimas é a imagem e a semelhança da forma que você organiza suas ideias.

Se você começar observar suas atitudes mais triviais, você perceberá que tudo é reflexo de quem você é.

O princípio da correspondência está em tudo! Nós fazemos aquilo que somos e somos aquilo que fazemos.

Devemos usar esse princípio a nosso favor! O Princípio da Correspondência deve ser utilizado como forma de treinamento para obtenção de sucesso.

Se você quer organizar a própria vida comece organizando a sua gaveta de camisas; se você quer cuidar da sua saúde espiritual comece cuidando da sua saúde física.

Quer mudar o mundo, comece mudando sua maneira de viver.

Não se trata de apenas força de vontade; é ação.

Seja a mudança que você deseja para o mundo.

Reproduza no mundo físico aquilo que você quer conquistar no mundo espiritual.

Quando você se move em um plano você gera correspondência em outro plano, "assim na terra como no céu".

O VÉU DA REALIDADE

Denominam-se Vedas as quatro obras do Induísmo compostas em Sânscrito: o Rigveda, o Yajurveda, o Samaveda e o Atarvaveda.

Na filosofia védica, os hindus chamam o Véu da Realidade pelo nome de Véu de Maya, pois assim está escrito.

Maya é o nome de uma deusa, que na religião hindu representa a ilusão em todas as suas nuances. O Véu de Maya é a ilusão do mundo físico.

De acordo com os Vedas, a deusa Maya joga um véu sobre o deus Brahman, que é a última fronteira da realidade.

Para além do Hinduísmo, O Véu de Maya é um conceito que se repete, de formas diferentes em várias religiões do mundo.

Um pouco diferente da tradição hindu, na abordagem budista, o Véu de Maya está ligado ao esquecimento das reencarnações. Segundo o Budismo, Maya lança seu véu sobre a consciência da alma humana para que esse homem não se lembre das vidas que viveu no passado. Enquanto no Hinduísmo o Véu de Maya tem uma abordagem para o agora, no Busdismo, ele trata do necessário esquecimento das vidas passadas.

Não é o tema desse livro se ater à apologética do Cristianismo. Por isso iremos nos apoiar no necessário, usando a definição do hinduísmo apenas com a finalidade de buscar uma explanação clara, enquanto procuramos a ligação com a doutrina dogmática da religião Cristã.

O Véu de Maya é "o Véu da Ilusão", conforme citado por Arthur Schopenhauer: o véu é "o mundo enquanto representação, submetido ao princípio de razão".

O filósofo diz que somos levados a perceber que o mundo é puro fenômeno ou representação. Nada é de fato real e tudo são sombras de uma realidade oculta aos olhos humanos, que se manifesta de forma semelhante às sombras percebidas como realidade final pelos encarcerados no Mito da Caverna, de Platão.

O MITO DA CAVERNA

A Parábola da Caverna pode ser lida na obra de Platão intitulada A República (Livro VII). Essa parábola pretende ilustrar um caminho para a libertação da consciência humana da escuridão que a aprisiona e nada é mais atual que esse texto milenar!

Platão nos conta que havia um grupo de pessoas vivendo em uma imensa caverna. Todos eles nasceram e cresceram ali. Tendo seus braços, pernas e pescoços aferrolhados por correntes, ficavam totalmente imobilizados e por isso olhavam unicamente para a parede ao fundo da caverna, sem poder ver uns aos outros ou a si próprios.

Às costas dos prisioneiros havia uma fogueira, apartada deles por uma parede baixa. Na retaguarda dos prisioneiros e à frente da fogueira passavam pessoas carregando objetos que representavam "homens e outras coisas viventes".

Por detrás da parede, o desfile acontecia de forma que os corpos dos caminhantes não projetavam sombras. As sombras projetadas eram apenas dos objetos carregados por eles. Dessa forma, tudo que os prisioneiros viam eram as sombras dos objetos que os caminhantes carregavam.

Na parede eram projetadas as sombras de cavalos, cães, gatos, toda sorte de animais e seres humanos vestidos com todo tipo de roupa. Além das imagens, no interior da caverna ecoavam sons que vinham de fora.

Os prisioneiros, 'com razão', associavam os sons às sombras.

Pensavam que os sons eram as falas das sombras projetadas.

Para aqueles encarcerados, aquelas sombras era a realidade.

Porém, certo dia, um dos presos se libertou e saiu para o mundo exterior.

O primeiro contato com a luz incomodou o ex-encarcerado. Sua surpresa ao ver uma imensa diversidade de formas e cores deixou aquele egresso imensamente assustado, fazendo-o desejar voltar para a caverna. Todavia ele permaneceu do lado de fora por um tempo, se admirando com as descobertas que estava fazendo.

Maravilhado com tudo aquilo, o ex-prisioneiro se lembrou de seus companheiros de caverna e para lá voltou com o intuito de compartilhar com eles a novidade do mundo exterior. Como era de se esperar, os encarcerados não acreditaram em nada daquilo que lhes foi contado. Chamaram o mensageiro de louco, e para evitar que suas ideias 'deturpassem' outras pessoas, os prisioneiros assassinaram o libertador.

Certos de que aquilo que enxergavam era a única realidade que havia, os prisioneiros optaram 'racionalmente' por viverem em condição de ignorância, 'confortavelmente' imobilizados pelo senso comum.

Para os prisioneiros, 'o verdadeiro mundo real', era apenas aquilo que conheciam baseados na percepção dos sentidos.

O Mito da Caverna serve de base para explicar o conceito do senso comum em oposição ao senso crítico.

Para Platão, o mundo sensível é aquele que pode ser experimentado a partir dos sentidos físicos: tato, olfato, audição, paladar e visão, onde residia a falsa percepção da realidade.

Para o filósofo, os seres humanos deveriam se libertar dos grilhões da falsa percepção sensorial para alcançar o mundo inteligível. Esse mundo era atingido apenas através das ideias, ou seja, da evolução da consciência racional.

A verdadeira realidade só seria atingida quando o indivíduo passasse a perceber as coisas ao seu redor a partir do pensamento racional e crítico.

"Uma vida não questionada não merece ser vivida" (Platão).

O VÉU DE MAYA

Véu é um fino tecido branco ou de qualquer outra cor que desempenhe a função de encobrir as coisas enquanto esconde a visão do observador.

O Véu da Realidade são as ilusões, são as coisas com as quais nos nutrimos todos os dias. É a forma sensorial de ver o mundo.

Em defesa do Véu de Maya podemos dizer que na verdade, não existe um único ser humano que não carregue uma ilusão consigo. Afinal, a ilusão é tão necessária quanto a própria realidade.

A ilusão é um bem, uma bênção capaz de encobrir a crueldade existente no mundo. É um remédio eficaz para muitas das feridas da alma humana e certamente a vida seria insuportável sob o peso esmagador da racionalidade.

Certamente por isso Salomão aconselha: "Dai bebida forte ao que está prestes a perecer, e o vinho aos amargurados de espírito. Que beba, e esqueça da sua pobreza, e da sua miséria não se lembre mais" (Pv 31:6,7).

O véu da ilusão tem a capacidade de tirar o árduo fardo que a existência nos imputa. Por isso, quando o peso da vida nos assalta, temos a viciante necessidade de fugir da realidade.

Com o tempo percebemos que o ser humano é um fujão!

Da mesma maneira que Adão se escondeu de Deus, fugindo da nova realidade que o pegou de assalto, fugir da realidade continua sendo a única coisa que o homem faz o tempo todo com a sua vida.

"Então, foram abertos os olhos de ambos, e conheceram que estavam nus; e coseram folhas de figueira, e fizeram para si aventais. E ouviram a voz do Senhor Deus, que passeava no jardim pela viração do dia; e esconderam-se Adão e sua mulher da presença do Senhor Deus, entre as árvores do jardim. E chamou o Senhor Deus a Adão, e disse-lhe: 'Onde estás?' E ele disse: 'Ouvi a tua voz soar no jardim, e temi, porque estava nu, e escondi-me'" (Gn 3:7-10).

O VÉU SEGUNDO ARTHUR SCHOPPENHAUER

Schoppenhauer afirmava que as principais ferramentas do Véu da Realidade são o Amor e a Moral. O Amor porque sentimos a necessidade de levar adiante a perpetuação da raça humana. A Moral, porque existe uma abordagem cultural no sentido de tentar colocar nossos pés no chão.

Nascemos com os pés nas nuvens, tão longe da fantasia da 'realidade'.

A Moral atua nos puxando para a 'suposta realidade', nos obrigando pouco a pouco a se comprometer com o 'mundo real'; a tratar das coisas da vida.

A Moral é quem diz: 'abra seus olhos e não se embaralhe no mundo dos sonhos'.

Os adultos deveriam aprender com as crianças! Um profeta sintetizou essa pedagogia, tão inversa à forma de como caminha a humanidade: "E um menino pequeno vos guiará" (Is 11:6).

As crianças enxergam melhor que os adultos porque ainda não deu tempo de serem engolidas pela roda viva da realidade.

Ser adulto é ser um cego funcional.

O Reino dos Céus, a superfície do Lago das Águas Primordiais pertence às crianças: "Deixai vir a mim os meninos, e não os impeçais, porque dos tais é o reino de Deus" (Lc 18:16).

Para Schoppenhauer tudo é mundo dos sonhos, afinal, todas as coisas estão sob a espessura do Véu da Realidade.

O Véu se torna cada vez mais espesso na medida em que nos afastamos da criança primordial.

Porque nos tornamos adultos, com noções cada vez mais profundas de Amor e Moralidade, é que estamos fadados a dependermos do Véu de Maya para suportarmos o peso da existência.

A CORAGEM DE SER SOB O VÉU

"Achamos que somos mestres do mundo e de nós mesmos. Mas, na verdade, fazemos parte da realidade que criamos, objetos entre objetos, coisas entre coisas, parte da engrenagem da máquina universal, à qual devemos nos adaptar para que ela não nos esmague. Essa adaptação nos transforma em meios para fins que também, por sua vez, são meios, sem finalidade alguma" (Paul Tillich).

O ser humano foi e continua sendo alfabetizado pela roda viva da realidade. Todo ser humano possui a vontade de se impor como ser individual ante seu próximo. Motivados por essa vontade, enfrentam as adversidades da vida procurando seu momento de glória, de conquista, os cinco minutos de fama. Todos procuram a possibilidade de "ser", e de encontrar sentido para a própria existência. Essa força de vontade (a vontade de ser), é a 'mãe' da 'coragem de ser'.

Friedrich Nietzsche usou um conceito para descrever a principal força motriz em seres humanos: a Vontade de Poder ou Vontade de Potência, que na interpretação do filósofo seria a realização, a ambição e o esforço para se alcançar a posição mais alta possível na escadaria da vida.

O Véu da Realidade apresenta sua cartilha e os alunos sob o Véu aprendem a 'ler' a realidade a partir da lógica do consumo. A auto-afirmação é buscada na escravidão do "ter", e é a partir da lógica do consumo que os comportamentos são modelados sob o Véu.

Pela abordagem capitalista o homem passa enxergar o mundo por outra lente, e pela influência dessa visão de mundo, ele remodela seu comportamento. O bombardeio das propagandas comerciais escreve novos conceitos para se viver em sociedade.

Segundo o publicitário brasileiro Nizan Guanaes: "Nike é um estilo e uma visão de mundo". Nesse texto de Guanaes, a "Nike" é tomada como exemplo para expressar a escravidão da moda e do consumo.

Tudo aquilo que se torna objeto do desejo de todos, passa a ser mais que uma forma de se sentir bem, mas uma condição preliminar para se pertencer à sociedade humana.

Quem compra um 'Nike', não compra um tênis; nesse sentido quem compra um 'Nike', não está necessariamente preocupado com o conforto dos pés, mas sim, estão buscando encontrar o 'Ser'. "Eu tenho raiva do mundo, Eu tenho raiva de mim. Eu tenho raiva de tudo, tudo o que eu não posso ter" (Herbert Viana, na música Carro Velho).

A motivação da vida deixa de ser a evolução do espírito e se torna uma corrida rumo ao pódio do reconhecimento por aquilo que se tem.

"O que mais me surpreende na vida é o homem, pois perde a saúde para juntar dinheiro, depois perde o dinheiro para recuperar a saúde. Vive pensando ansiosamente no futuro, de tal forma que acaba por não viver nem o presente, nem o futuro. Vive como se nunca fosse morrer e morre como se nunca tivesse vivido" (Dalai Lama).

As coisas perdem seu sentido material e se revestem de individualidade. O homem passa ser definido pelo carro que possui, o adolescente passa a ser definido pelo modelo de celular que usa e a mulher passa a nortear seu comportamento pela ditadura da moda.

O que era para ser apenas algo que representasse uma forma de se locomover, se comunicar e se vestir, passa a ser mais que isso. As coisas se tornam algo maior. Transformam-se em algo que possibilita o reconhecimento pessoal nas relações com aqueles que vivem sob o mesmo tabu.

O 'Ter' se torna a premissa fundamental do 'Ser'.

Desgraçadamente o ser humano se torna uma coisa, e as coisas se revestem de 'humanidade' numa esmagadora interpretação da realidade.

Essa é a definição de Véu de Maya na filosofia de Paul Tillich: a realidade sendo percebida a partir de uma lógica onde tudo se define pela ditadura do 'Ter' em detrimento do 'Ser'. Coisas passam a ter mais valor que pessoas.

Numa sociedade cristã, onde os princípios mais elementares do Cristianismo deveriam ser empregados, somos surpreendidos por comportamentos absurdamente profanos.

A igreja local, copiando o mundanismo também passa a pautar seu comportamento pela lógica do consumo e por isso vivem sob o grosso véu da ilusão; pensam que estão adorando a Deus construindo suntuosos templos, mas não estão. Quase sempre preferem reformar as paredes do local de reunião, ou instalar novos aparelhos de ar condicionado, ou trocar o acolchoado das cadeiras em detrimento de ajudar irmãos de fé, que em dificuldade financeira necessitam de uma peça de roupa, ou de financiar a educação escolar do filho, ou mesmo de alimentar o estômago. A cadeira nova se torna mais importante que uma lata de leite em pó.

Coisificam pessoas enquanto personificam coisas.

O caráter do cristão fica adoecido em função da incompetência de se enxergar de forma metafísica a realidade além do Véu.

Os que deveriam ser santos são transformados em mundanos: fazem a vontade do espírito desse século, enquanto enganosamente pensam que estão fazendo a vontade de Deus.

"O homem para quem tudo isso foi inventado como meio, tornou-se um meio ele próprio, a serviço dos meios" (Paul Tillich).

Para Tillich, a auto-afirmação a partir do princípio dos Evangelhos é o poder que torna possível a autoafirmação do ser humano.

Somente um ato de fé é capaz de arrebatar o homem das correntes que o prendem: "Ser como uma parte em tal igreja é receber uma coragem de ser, na qual podemos perder nosso eu, e na qual recebemos nosso mundo".

Perdendo o eu, ou seja, anulando o egoísmo, o homem se habilita a receber o 'nosso mundo': o mundo real, que pode ser apreciado além do véu da realidade.

QUEM TEM OLHOS PARA VER, VEJA

"E neles se cumpre a profecia de Isaías, que diz: 'Ouvindo, ouvireis, mas não compreendereis, e, vendo, vereis, mas não percebereis'.

Porque o coração deste povo está endurecido, e ouviram de mau grado com seus ouvidos, e fecharam seus olhos; para que não vejam com os olhos, e ouçam com os ouvidos, e compreendam com o coração, e se convertam, e eu os cure. Mas, bem-aventurados os vossos olhos, porque vêem, e os vossos ouvidos, porque ouvem" (Mt 13:14-16).

Enquanto houver o Véu, haverá consolo para os cegos. Dentro da suposta realidade pode-se encontrar a falsa sensação de felicidade.

Existe um caminho largo para quem não quer ver a luz e é muito fácil adensar o Véu da Realidade.

Eis a receita para se engrossar o Véu: - Basta ser devoto ao espírito desse século: amar o dinheiro acima das pessoas, fazer de Deus um mero caminho para se conseguir coisas, colocar os próprios interesses acima da consciência.

"E propôs-lhe uma parábola, dizendo: A herdade de um homem rico tinha produzido com abundância; E arrazoava ele entre si, dizendo: Que farei? Não tenho onde recolher os meus frutos. E disse: Farei isto: Derrubarei os meus celeiros, e edificarei outros maiores, e ali recolherei todas as minhas novidades e os meus bens; E direi a minha alma: Alma, tens em depósito muitos bens para muitos anos; descansa, come, bebe e folga. Mas Deus lhe disse: Louco! esta noite te pedirão a tua alma; e o que tens preparado, para quem será? Assim é aquele que para si ajunta tesouros, e não é rico para com Deus" (Lc 12:16-21).

Essa parábola nos apresenta a história de um homem que engrossou o Véu até o seu limite máximo, a ponto da voz de sua consciência mística o convidar para assumir seu lugar na fila dos clientes de Caronte.

Esse homem se tornou tão escravo de seus objetivos pessoais, que não conseguia enxergar nada além dos resultados de suas conquistas materiais.

A culpa da sua perdição não foi o dinheiro, mas o amor ao dinheiro. Muitos interpretam essa passagem erradamente afirmando que 'o dinheiro é a raiz de todos os males'. Essa frase está completamente errada. Não há nada de errado com o dinheiro, pelo contrário, ter dinheiro é muito bom! O problema é o "amor ao dinheiro": "Porque o amor ao dinheiro é a raiz de toda a espécie de males; e nessa cobiça alguns se desviaram da fé, e se traspassaram a si mesmos com muitas dores" (1 Tm 6:10).

Não se deve depositar amor em nada mais além de Deus e o próximo: "Amarás, pois, ao Senhor teu Deus de todo o teu coração, e de toda a tua alma, e de todo o teu entendimento, e de todas as tuas forças; este é o primeiro mandamento. E o segundo, semelhante a este, é: Amarás o teu próximo como a ti mesmo. Não há outro mandamento maior do que estes" (Mc 12:30,31).

Tudo se trata de Motivação.

O que te motiva?

Jesus disse: "Porque, onde estiver o vosso tesouro, ali estará também o vosso coração" (Lc 12:34).

A motivação é o combustível que aciona seus pés para caminhar em direção às coisas que você mais ama. Loucos são aqueles que mudam os seus motivos por causa do dinheiro.

Para os loucos, se o véu da realidade se romper, a dor da existência será insuportável.

O VÉU DINÂMICO

O Véu da Realidade é a forma como enxergamos o mundo e de forma pessoal, cada ser humano tem sua própria abordagem do Véu.

O Véu de Maya tem uma espessura diferente para momentos diferentes da vida, e o Véu nunca se manifesta da mesma forma e com a mesma espessura para os mesmos momentos e da mesma forma para todos os seres humanos.

Mas como definir a espessura do Véu?

Fica simples quando entendemos que a evolução espiritual desgasta o tecido do Véu até o seu completo rompimento.

O tecido do Véu da Realidade tem a sua espessura proporcional ao amor que uma pessoa tem para com o mundo. "Pois onde estiver o seu tesouro, aí também estará o seu coração" (Mt 6:21).

Na medida em que o homem ama o mundo, essa é a medida da espessura do Véu da Realidade. Na medida em que o homem se afasta do mundanismo, essa é a medida da espessura do véu da realidade.

"Não ameis o mundo, nem o que no mundo há" (1Jo 2:15). Perceba que pessoas avarentas, amantes do dinheiro, amantes da fama, das vaidades e dos prazeres da vida; pessoas ligadas demais ao trabalho, às guerrinhas pessoais e corporativas; perceba que essas pessoas tem a tendência de não darem importância para a evolução da vida espiritual. Mesmo que digam o contrário, suas ações provam o que na verdade elas são. "Pelos seus frutos os conhecereis" (Mt 7:20).

Infelizmente, pessoas assim não enxergam sentido na transcendência; não conseguem se interessar pela vida orientada pela revelação dos mistérios do Criador.

Tratar a transcendência como algo sem sentido é um claro sintoma de que essas pessoas estão se comportando de forma avessa ao comportamento de Abraão.

O Pai da Fé, embora sendo um homem muito rico, não quis construir nada no mundo que o fizesse se enraizar. Optou por ser uma árvore de raiz rasa. Não quis aprofundar raízes emocionais nesse mundo, pois esperava pela manifestação do mundo real (Hb 11:8-10).

Na medida em que o homem se desapega da materialidade e dos prazeres efêmeros, naturalmente o Véu da Realidade vai perdendo espessura, ficando cada vez mais fino, até que a pessoa consiga perceber a que movimenta as sombras do outro lado, e por fim veja a realidade como um todo.

Debaixo do Véu, em função da variação de sua espessura, tudo caminha para escuridão.

Equivalente à metáfora do mergulhador sob as águas do Lago das Águas Primordiais, na medida em que se afasta da superfície do lago, o mergulhador, envolvido pela turbidez das águas, vai sendo engolido pela completa escuridão.

Assim também se dá com a espessura do véu e com o estabelecimento das trevas, sob a sombra da irrealidade. "Toda boa dádiva e todo dom perfeito vêm do alto, descendo do Pai das luzes, que não muda como sombras inconstantes" (Tg 1:17).

Existem conclusões que podem parecer óbvias mas não são.

Por mais que todos (ou se não todos, com certeza a maioria) concordem que devemos desacelerar e procurar viver uma vida mais simples e que se deve vencer a usura fazendo caridade ao próximo. Por mais que esses bons pensamentos nos pareçam óbvios, não é assim que a maioria dos humanos vivem suas vidas.

A 'roda viva' parece ser movida apenas por impulsos materiais, e assim o sentido da existência perde a sua essência, seu mais primitivo sentido superior.

O que deveria ser uma jornada de aprendizado, de metamorfose interior, passa a ser um rolo compressor alimentado pelo combustível da cobiça, do egoísmo e do hedonismo.

Viajando em direção ao fundo do Lago das Águas Primordiais o homem é envolvido pelas densas trevas. Perdendo a percepção do sentido da vida extraordinária que o Criador desenhou para ele, esse homem, através de suas escolhas, torna cada vez mais espesso o Véu da Realidade.

Sob o grosso Véu, as noções ancestrais sobre a vida e a morte são explodidas, e nada mais resta além de um imenso vazio existencial. Um lugar dentro do peito que parece ter sido habitado por vozes de outra estação. Um vazio que parece ter sido habitado um dia, mas que agora é um mundo abandonado.

Esse vazio existencial é um espaço maior que o Universo, criado por Deus, para ser morada para Si.

Pessoas muito arraigadas ao materialismo, podem até ter um conhecimento inteligente e profundo acerca de Deus e seus atributos, todavia o apego às paixões desse mundo impedem que esse conhecimento teórico atue no sentido de se aplicar o caráter de Deus à maneira de viver.

Para pessoas assim, Deus existe apenas como uma teoria que não se aplica à vida.

Infelizmente, pessoas que conhecem um conceito correto de Deus e não aplicam as Escrituras à vida pessoal, estão fadadas a cometerem o pior dos erros, o de tornar Deus como parte da matéria invisível que engrossa a espessura do Véu da Realidade.

Deus como teoria é reduzido a tecido do Véu.

Deus como vida prática rasga o Véu e mostra Sua verdadeira face.

O VÉU RASGADO

"E Jesus, clamando outra vez com grande voz, entregou o espírito. Eis que o véu do santuário se rasgou em duas partes de alto a baixo; tremeu a terra, fenderam-se as rochas" (Mateus 27. 50-51).

O véu do templo sendo rasgado é uma mensagem sutil: a realidade do mundo pode ser desmistificada.

Podemos avançar com intrepidez e ver o que está do outro lado.

"A primeira revolução acontece quando você muda a sua mente sobre como ver as coisas, e percebe que pode haver outra maneira de olhar para elas que ainda não lhe mostraram. O que você vê depois é o resultado disso, mas essa revolução, esta mudança que se opera em sua maneira de ver, não será televisionada" (Gil Scott-Heron).

O INSCONSCIENTE COLETIVO

Carl Gustav Jung é com certeza um dos principais nomes da

psicanálise moderna. Após trabalhar com Sigmund Freud, sendo influenciado pela sua obra, Jung fundou sua própria academia, que se tornou aceita e praticada de forma abrangente por muitos profissionais ao redor do planeta.

Jung é o fundador da psicologia analítica, que propôs e desenvolveu os conceitos de personalidade extrovertida e introvertida, conceito de arquétipo e de inconsciente coletivo. O trabalho desse cientista é influente não só nas matérias de psiquiatria e psicologia; Jung influenciou conceitos científicos, religiosos, literários e tantos outros.

A coluna vertebral da psicologia analítica proposta por Jung é a Individualização: processo de integração dos opostos, que inclui o consciente e o inconsciente. Para a ciência proposta por Jung, Inconsciente Coletivo é a camada mais profunda da psique humana; é constituído pelas informações herdadas, e é nesse inconsciente que reside os traços funcionais e imagens virtuais, que são compartilhadas a todos os seres humanos. O inconsciente coletivo é o alicerce onde está firmada a construção habitada pelos paradigmas cuja atuaçãos se expande para além da psique humana.

O inconsciente coletivo se manifesta inclusive na produção de sonhos, onde o cérebro mistura lembranças da experiência vivida com imagens impessoais e estranhas.

Sonhar com o que não se reconhece ou sonhar com pessoas nunca vistas e locais nunca visitados. Sonhar com imagens que não podem ser conscientemente associadas ao conteúdo da história individual. Muitos chamariam isso de 'sonhos malucos', porque não têm nenhuma conexão com a realidade do sonhador. Por essa abordagem, entendemos que os sonhos são produto da mistura do consciente histórico com o inconsciente coletivo.

Sonhos que não fazem sentido com a realidade são os sonhos mais comuns, e, louco é aquele que busca uma interpretação simplista para os 'filmes malucos', assistidos enquanto o corpo repousa em sono. Buscar saber e obedecer a uma suposta mensagem do significado dos sonhos analisados por tabloides e livrinhos simplistas, constitui uma afronta à inteligência e um risco à condução da vida.

O Inconsciente Coletivo atua como um almoxarifado de símbolos e imagens, que são denominados de Arquétipos.

Dos arquétipos se originam os mitos.

O Inconsciente Coletivo está de forma dinâmica e contínua sendo composto a partir do conjunto de todas as experiências obtidas pelos seres humanos.

Em resumo: no conceito de psicologia analítica de Jung, o Inconsciente Coletivo pode ser um modelo ideal para o entendimento dos fenômenos mentais, podendo influenciar conceitos da física, química e biologia.

Para Jung, ele não se desenvolveu e nem se desenvolve individualmente. Trata-se da herança do arcabouço da experiência humana. São os sentimentos, as lembranças, os pensamentos, sonhos e ideais compartilhados por toda a humanidade. É o reservatório que abastece a experiência humana de imagens latentes, de imagens primordiais, que cada pessoa herda de seus ancestrais.

Se de forma consciente a pessoa não entende porquê reagiu de tal maneira a tal situação, sua reação pode ser explicada a partir da definição da psicologia analítica. Acontece que todos os seres humanos herdam uma predisposição para reagir ao mundo da mesma forma que seus ancestrais reagiam.

O ser humano nasce com predisposição para pensar da forma como pensa, entender da forma como entende e agir da forma como age. Essa é a herança cultural da humanidade: vemos o mundo da forma como vemos porque nossos ancestrais também viam assim.

Um novo segmento do estudo da genética humana afirma que herdamos as experiências de nossos antepassados através do DNA, e que somos programados hereditariamente.

DÉJÀ VU

O termo Déjà vu vem do francês, e significa, literalmente, "já visto". Em psicologia significa: "forma de ilusão da memória que leva o indivíduo a crer já ter visto (ou já ter vivido) alguma coisa ou situação de fato desconhecido ou novo para si".

Ir a algum lugar e pensar: 'parece que já estive aqui'. Cheirar um aroma e viajar a uma situação que não se lembra de ter vivido, exceto pela certeza de que aquele cheiro tem um significado especial dentro da existência pessoal. Sonhar com situações não vividas e depois descobrir que aquele lugar e situação do sonho faz parte da experiência de alguém ou da própria experiência em outros níveis de percepção.

Essas memórias que tomam o indivíduo de assalto e faz pensar que a informação já estava ali, em alguma gaveta do cérebro.

Precisamos entender a mecânica dos sonhos e das lembranças.

Um namoro de Jung com a Física Quântica daria certamente um

casamento interessante. A física quântica de hoje possui os fundamentos sobre os quais podemos basear a nossa ciência e a nossa psicologia; e a psicologia analítica de Jung tem todos os traços da Física Quântica.

Jung entendeu que estamos sob a turbidez das águas e que enxergamos imagens distorcidas produzidas por ecos de uma antiga civilização. Ele entendeu que a forma como vemos o mundo é fruto da percepção herdada de nossos ancestrais.

Felizmente o cientista não caiu no vazio de sua ciência. Jung entendia que sua teoria seria vazia se não houvesse alguém e algo do outro lado do véu: "...o seu inconsciente precisa de um deus. É uma necessidade séria e autêntica" (C. G. Jung).

ZEITGEIST

Zeitgeist é um termo alemão cuja tradução literal é: o espírito da época, o espírito do tempo ou sinal dos tempos. É o conjunto do clima intelectual e cultural do mundo, que de forma inequívoca controla determinada época da história. São as características básicas e genéricas de um determinado período. Em suma: é a forma como o mundo é percebido pelos seus habitantes.

Não se trata de uma forma engessada ou aprisionada de se perceber e interagir com o sistema; é muito mais! Trata-se de uma força invisível e intocável que controla os passos da história, influenciando de forma definitiva o conceito e a forma como os personagens desempenham seus papeis no palco da existência.

Podemos perceber que Zeitgeist, por definição é uma busca por conceituar o Véu da Realidade usando outros parâmetros de observação. Sem muito esforço intelectual percebemos que enxergamos o mundo pelo caleidoscópio que nos foi conferido pela cultura, arte, sociedade, economia, religião...

Vivemos em um mundo dirigido por um governo invisível que nos envolve através de uma força gravitacional poderosíssima para nos fazer enxergar o que ele quer que enxerguemos.

Tal qual as águas do fundo de um lago que envolve todos os movimentos e a visão de um mergulhador, esse governo invisível envolve a cultura social, levando todos a enxergar através de suas lentes e se movimentar pelos predicados da sua influência.

Que governo invisível é esse? Como defini-lo? Como entendê-lo?

Quem é o ser que se assenta sobre o trono desse reino invisível?

O reino invisível de Zeitgeist é imagem avessa do Reino de Deus.

O Reino dos Céus, que se assenta sobre a superfície do lago, é um governo perfeito em todas as suas nuances. É governado pelo poder invisível de uma força que tem a habilidade de regenerar e elevar a consciência cósmica de todos os seus súditos.

De um lado, sob a turbidez das águas do Lago das Águas Primordiais, se encontra o mundo sob a definição de Zeitgeist. Do outro lado, e sob a superfície do Lago, os habitantes que romperam o tecido do Véu da Realidade estão imersos na claridade da Luz Eterna.

Sob o Véu, os habitantes são controlados pelo poder dos cinco sentidos. Ao romperem o Véu, são conduzidos como pluma ao vento, sob o governo da percepção dos seis sentidos do corpo espiritual. "O vento assopra onde quer, e ouves a sua voz, mas não sabes de onde vem, nem para onde vai; assim é todo aquele que é nascido do Espírito" (Jo 3:8).

MALKUTH

Com a finalidade de trazer o homem de volta para o mais alto nível da evolução espiritual, lugar que ocupou antes da queda, o Eterno concebeu o caminho de volta na forma de uma escadaria de 10 degraus.

São as Dez Sephirots: Kether, Chochmáh, Bináh, Chessed, Guevuráh, Tifereth, Netzach, Hod, Yessod e Malkuth.

Como dez Véus, estas dez Sephirots ocultam o Criador do homem sujo pelo pecado.

Conforme as verdades esclarecidas pelo Livro do Esplendor, o Zohar, esses dez Véus constituem os dez degraus que equivalem à distância em que nos encontramos do Criador. É a distância que nos separa da Glória Infinita.

Esses degraus começam na presença do Criador e se projetam de forma descendente até o nível dos homens. A Luz do Criador desce por esses degraus até atingir o homem, que se encontra no nível mais inferior da escadaria, o décimo degrau, chamado Malkuth.

Malkuth (em hebraico, מלכות: Mem, Lamed, Kaph, Vau, Tau) é a décima sephirah da árvore da vida cabalística. Segundo a sabedoria dos antigos rabinos, essa emanação representa o reino material. Todavia é mais do que apenas matéria. Malkuth também é um aspecto psíquico e sutil do reconhecimento da realidade. "Ao perceber sua insignificância e desejando ascender ao Criador, o homem (na medida em que almeje aproximar-se do Criador) sobe pelos mesmos degraus por onde se deu sua descida inicial" (Rabi Hizkiyah).

Na medida que ocorre evolução espiritual, os véus vão se rompendo e o caminho fica livre para que o homem se projete na direção do infinito prazer de se estar na presença do Criador.

Quando Jesus ensinou seus discípulos a orar, Ele introduziu uma frase, que mostra aos seus alunos a necessidade de se evoluir dentro da matriz da Árvore da Vida.

A oração do Pai Nosso começa rogando pelo estabelecimento do Reino correto. Jesus reconhecia que Malkuth era o primeiro degrau na evolução espiritual de seus discípulos e por isso, roga ao Pai, que imediatamente os inserissem no Reino.

Jesus quer que, em contraponto ao reino desse mundo, o Reino de seu Pai seja estabelecido: "Pai nosso, que estás nos céus, santificado seja o teu nome; Venha o teu Reino (Reino = Malkuth), seja feita a tua vontade, assim na terra como no céu" (Mt 6:9,10).

O Mestre sabia muito bem acerca do que estava falando: Ele se referia ao lado certo de Malkuth. Falava do Reino de Deus que em contrapartida ao Reino do Maligno era o mundo sobre a superfície do Lago das Águas Primordiais.

A partir da superfície do Lago a evolução iria continuar, todavia com uma percepção diferente.

Antes de adentrar no Reino, o Criador é totalmente oculto ao homem.

A partir de Malkuth, a escalada dos outros degraus é feita com a certeza de que o Criador está esperando pelo homem no fim da escadaria.

'Colocar os pés' no patamar do primeiro degrau é um passo de pura fé; subir os demais degraus é uma caminhada de louvor, adoração, devoção, estudo, humildade e amor.

O governo do lado errado de Malkuth foi oferecido a Jesus pelo seu posseiro. Na ocasião em que foi tentado no deserto, Jesus rejeitou a possibilidade de governar esse mundo: "Novamente o transportou o diabo a um monte muito alto; e mostrou-lhe todos os reinos do mundo, e a glória deles. E disse-lhe: Tudo isto te darei se, prostrado, me adorares. Então disse-lhe Jesus: Vai-te, Satanás, porque está escrito: Ao Senhor teu Deus adorarás, e só a Ele servirás. Então o diabo o deixou; e, eis que chegaram os anjos, e o serviam" (Mt 4:8-11).

Naquela ocasião, na parte mais alta do Monte Quarantânea, Jesus Cristo disse: - Não.

O Filho do Homem rejeitou a possibilidade de governar o lado errado de Malkuth.

Existem dois reinos, ou dois lados de Malkut.

Existe o Reino de Deus, e esse é governado pelo Espírito. É esse Reino que Jesus roga ao Pai que se estabeleça.

Existe também o lado imperfeito de Malkut, governado pelo Espírito desse Mundo – a Velha Serpente, o inimigo de nossas almas, a quem Jesus chamou de Satanás.

O MUNDO JAZ NO MALIGNO

"Sabemos que somos de Deus, e que o mundo todo jaz sob o Maligno. Sabemos que o Filho de Deus veio e nos deu entendimento para conhecermos o Verdadeiro. E estamos no Verdadeiro, nós que estamos em seu Filho Jesus Cristo. Este é o verdadeiro Deus e a vida eterna" (1 Jo 5:19,20).

A resposta fica cada vez mais clara!

O mundo sob o Lago é dominado por alguém que tem nome e história. Podemos estudá-lo, vencê-lo e enterra-lo sob seu reinado finito. "Para nós, não há luta contra a carne e o sangue, mas contra os principados, contra as potestades, contra os príncipes das trevas deste século, contra as hostes espirituais da maldade, nos lugares celestiais." (Efésios 6:12)

A palavra 'Jaz' trata-se de uma palavra da língua portuguesa que serve para definir de forma muito clara aquilo que esboçamos acerca do domínio do Véu da Realidade.

No português, 'JAZ' é uma palavra que está na terceira pessoa do singular do presente do indicativo do verbo jazer e tem origem no latim: 'jaceo + ere', que faz referência a "estar estendido" ou mesmo "estar na cama doente". O verbo 'jazer' também significa: "estar morto" ou "sepultado". A palavra se relaciona com o ato de estar 'situado em', no sentido de ficar ou permanecer. É uma palavra que pode ainda representar algo que está fundado ou apoiado em outra coisa.

O significado dessa palavra tem muita proximidade com a morte.

Nas lápides dos cemitérios, a inscrição: "aqui jaz", é muito comum e até mesmo adequada.

"Sabemos que somos de Deus e que o mundo inteiro jaz no

maligno". "Nos quais o deus deste século cegou o entendimento dos incrédulos" (2Co 4. 4).

A expressão: "jaz no maligno" indica que o mundo está sob o domínio do Mal, e dado como morto.

O mundo nada mais pode fazer, senão, como um defunto, aceitar o domínio do monstro invisível.

Mas não há esperança?

É nesse contexto de morte, sob a lápide do Véu da Realidade, que Jesus expressa sua mensagem. Uma boa nova que pode mudar todas as coisas: "Eu sou a ressurreição e a vida; quem crê em mim, ainda que esteja morto, viverá; E todo aquele que vive, e crê em mim, nunca morrerá" (Jo 11:25,26).

A história de Lázaro nos empresta uma metáfora perfeita para percebermos que rasgando o Véu (remover a pedra), a luz Divina pode invadir a escuridão e destruir as sombras.

Todavia, perceber que existe um mundo perfeito além do Véu, não é o suficiente para se viver a vida de verdade.

Muitas pessoas percebem esse domínio invisível. Muitos estão conscientes e convencidos de que uma força sobre-humana existe e conduz a marcha da história. Conscientes do domínio, tais pessoas passam acreditar em toda espécie de teoria da conspiração. Alguns dizem que o governo invisível é desempenhado por sociedades secretas, outros creem que se trata de ignorância e que o caminho da profundidade filosófica é a solução. Todavia não existe eficácia nesse conhecimento, senão arrogância de poder afirmar: '- agora eu sei'!

O que fazer com esse conhecimento? Como romper com o Zeitgeist?

Conhecer os fatos sobre o domínio do Reino das Trevas não é suficiente para se libertar dele. Quem está convencido da existência do mundo que 'jaz sob o maligno', apenas vive uma vida mais triste que aqueles que não sabem de nada. Nas palavras de Salomão: "Porque na muita sabedoria há muito enfado; e o que aumenta em conhecimento, aumenta em dor" (Ec 1:18).

O Véu é dinâmico e seus dominadores gargalham dos que julgam saber demais. O Véu muda de aparência e os pobres pseudo-sábios continuam vivendo sob uma outra manifestação do Véu: aquela em que o Véu continua sendo Véu enquanto cria a ilusão de que não está mais ali. Algo que nas histórias em quadrinhos é chamado de Manto da Invisibilidade. Parece que não tem nada ali, e nem mesmo o manto é visto, mas tudo se trata apenas de uma ilusão causada por um artefato com poder de esconder a realidade sob outra camada.

Voltando à história de Lázaro podemos perceber que o ato definitivo no processo de ressuscitar, não estava no ato remover a pedra ou na invasão da luz no interior do mausoléu.

Lázaro ressuscitou porque ouviu a voz que o chamava do mundo dos mortos; "portanto, como diz o Espírito Santo: Se ouvirdes hoje a sua voz, não endureçais os vossos corações" (Hb 3:7,8).

O ato definitivo para a ressurreição não é apenas uma evolução de consciência.

A salvação se processa no ato de ouvir e atender aquela voz que fala diretamente ao cerne da existência.

Jesus é o único que tem o poder sobre o mundo dos que jazem sob o Maligno. "- Lázaro, sai para fora. E o defunto saiu, tendo as mãos e os pés ligados com faixas, e o seu rosto envolto em um lenço. Disse-lhes Jesus: Desligai-o, e deixai-o ir" (Jo 11:43,44). "Pois Deus, que disse: 'Das trevas resplandeça a luz', ele mesmo brilhou em nossos corações, para iluminação do conhecimento da glória de Deus na face de Cristo" (2 Co 4:6).

O CEGO DE BETSAIDA

"E chegou a Betsaida; e trouxeram-lhe um cego, e rogaram-lhe que o tocasse. E, tomando o cego pela mão, levou-o para fora da aldeia; e, cuspindo-lhe nos olhos, e impondo-lhe as mãos, perguntou-lhe se via alguma coisa. E, levantando ele os olhos, disse: Vejo os homens; pois os vejo como árvores que andam. Depois disto, tornou a por-lhe as mãos sobre os olhos, e o fez olhar para cima: e ele ficou restaurado, e viu a todos claramente. E mandou-o para sua casa, dizendo: Nem entres na aldeia, nem o digas a ninguém na aldeia" (Marcos 8:22-26).

Para esse segregado de Betsaida se cumpriu na íntegra o que foi dito pelo profeta: "O povo que vivia nas trevas viu uma grande luz; sobre os que viviam na terra da sombra da morte raiou uma luz" (Mt 4:16).

A cura da cegueira é sempre um evento carregado de significado místico. Trazer a percepção da luz a um cego é um milagre que sempre está ligado a revelações de verdades muito profundas, que excedem a abordagem do plano físico apenas.

Para realizar o milagre em Betsaida, Jesus tem todo um protocolo que diferencia esse milagre dos demais. Tudo começou com Jesus retirando o cego da região central daquela aldeia. Afinal, o mistério que iria ser revelado não era para ser percebido por multidões, mas sim por um seleto grupo de iniciados no conhecimento dos mistérios.

"Os lábios da sabedoria estão fechados, exceto aos ouvidos do Entendimento" (Hermes Trimegisto).

Durante os milênios que antecederam os dias de Jesus, os Mestres se apoiavam nessa máxima do Hermetismo para disseminar suas revelações. O conhecimento deveria ser protegido, para que não caísse em mãos erradas.

Todas as vezes que a humanidade reuniu suas informações em livros e compêndios significava que naquele momento histórico havia uma perda significativa de interesse por parte dos discípulos.

Por falta de discípulos com os ouvidos sedentos, os Mestres 'profanavam' o mistério e reunia a revelação em pergaminhos.

Na tradição oral o ensinamento não era banalizado e as revelações eram passadas de boca a ouvido, em um sistema hermeticamente fechado.

Os Mestres evitavam reunir mistérios antigos escrevendo-os em livros e compêndios. Esses mistérios sempre foram protegidos daqueles que o buscavam somente com o propósito de se beneficiarem egoisticamente. Para a proteção desses mistérios sempre existiram almas fiéis que guardaram os segredos, defendendo-os com a própria vida, se preciso fosse.

Finalmente quando os mistérios foram escritos, seu significado foi protegido por inúmeros véus, de modo que somente os 'escolhidos' pudessem entendê-lo com profundidade.

Basta ler superficialmente os livros do Antigo Testamento para perceber que nas entrelinhas do texto existem mais informações do que no texto propriamente dito.

Na medida em que um texto reunia uma grande soma de mistérios, maior quantidade de véus eram lançados sobre o significado; perceba isso lendo os escritos de Ezequiel e Daniel.

Os profetas anunciavam eventos e mistérios que somente seriam descortinados para os ouvidos preparados e dignos de sabê-los. Não somente os escritores do Antigo Testamento, mas também os do Novo, trilharam pela mesma senda, e o Apocalipse de João é um exemplo perfeito da forma como os escritores de mistérios escondiam a verdade daqueles que não eram convidados a conhecê-la.

Jesus, a exemplo dos antigos mestres trilhou o mesmo caminho e reteve a revelação, entregando-a apenas aos ouvidos de seus discípulos. "Então os discípulos chegaram perto de Jesus e perguntaram: - Por que é que o senhor usa parábolas para falar com essas pessoas? Jesus respondeu: - A vocês Deus mostra os segredos do Reino do Ceu, mas, a elas, não. Pois quem tem receberá mais, para que tenha mais ainda. Mas quem não tem, até o pouco que tem lhe será tirado. É por isso que eu uso parábolas para falar com essas pessoas. Porque elas olham e não enxergam; escutam e não ouvem, nem entendem. E assim acontece com essas pessoas o que disse o profeta Isaías: 'Vocês ouvirão, mas não entenderão; olharão, mas não enxergarão nada. Pois a mente deste povo está fechada: Eles taparam os ouvidos e fecharam os olhos. Se eles não tivessem feito isso, os seus olhos poderiam ver, e os seus ouvidos poderiam ouvir; a sua mente poderia entender, e eles voltariam para mim, e eu os curaria! — disse Deus.' Jesus continuou dizendo: — Mas vocês, como são felizes! Pois os seus olhos veem, e os seus ouvidos ouvem. Eu afirmo a vocês que isto é verdade: muitos profetas e muitas outras pessoas do povo de Deus gostariam de ver o que vocês estão vendo, mas não puderam; e gostariam de ouvir o que vocês estão ouvindo, mas não ouviram" (Mt 13:10-17).

Os mistérios guardados por séculos poderão ser revelados hoje, mas ainda sob a mesma condição: os ouvidos do estudante devem estar sedentos para ouvir, a boca deve estar preparada para se calar, os pés devem estar prontos para caminhar, as mãos devem estar educadas para doar, o coração deve estar vazio para receber e a mente deve ter disposição para atingir a transcendência. Se assim for, os lábios da sabedoria virão.

MISTÉRIOS REVELADOS

Jesus retirou o cego do meio da multidão e usou o milagre da cura para revelar a seus discípulos um mistério antigo, conhecido apenas pelos Rabinos mais preparados: os mistérios da Kaballah e da Árvore das Sephirots.

Esse conhecimento sempre foi transmitido via tradição oral, de Mestre para discípulo, disfarçados em diversas formas de rituais e simbologias. As escolas Rabínicas sempre seguiram o exemplo das escolas Herméticas, que por serem muito fechadas, aceitavam somente alunos com o perfil duramente testado e aprovado.

A expressão: 'hermeticamente fechada', tem suas origens no modo Hermetista de se transferir conhecimento.

Nos dias de Hermes Trimegisto, tal como nos dias de Jesus, todos entendiam que um mestre deveria passar a profundidade do conhecimento apenas para pessoas com muita base moral e com muito caráter. Aqueles sábios entendiam que a popularização do conhecimento banalizaria a sabedoria. "Não deis aos cães as coisas santas, nem lançai aos porcos as vossas pérolas, não aconteça que as pisem com os pés e, voltando-se, vos despedacem" (Mt 7:6).

O Século 21 é o tempo do mundo conectado, onde encontrar o conhecimento é uma tarefa fácil. Qualquer pessoa pode ter acesso rápido e de forma simples a todo tipo de informação. Estamos no tempo profetizado por Daniel: "E tu, Daniel, encerra estas palavras e sela este livro, até ao fim do tempo; muitos correrão de uma parte para outra, e o conhecimento se multiplicará" (Dn 12:4). A profecia diz claramente que no final dos tempos a luta dos sábios pela proteção do conhecimento seria vencida, e naturalmente por causa disso, a banalização dos segredos mais protegidos da humanidade levaria a humanidade ao caos.

Os homens se auto destruiriam por não saberem como utilizar de forma racional o conhecimento.

Os antigos lutaram para proteger o conhecimento, para que a sabedoria não caísse em mãos erradas. Difundir o conhecimento é fácil; difícil é conferir caráter ao ser humano.

As escolas herméticas e as escolas rabínicas tinham critérios rígidos para aceitarem seus alunos. O vestibular daquele tempo não verificava apenas o conhecimento teórico do aluno; o principal quesito analisado era a profundidade moral do discípulo.

Nos dias atuais as escolas aceitam qualquer psicopata como aluno, desde que ele passe no vestibular, ou pior ainda, desde que possa pagar pelo conhecimento.

Essa horizontalização do conhecimento torna a humanidade um perigo para si mesma.

Deve se ter cuidado com a informação, enquanto o homem não tem formação. Um homem mau formado não pode nunca ser bem informado.

"É preferível a ignorância absoluta que o conhecimento em mãos erradas" (Platão).

Pense na construção da bomba atômica e na desgraça que é um conhecimento fantástico como esse nas mãos de homens preocupados apenas com jogos de poder. Lamentavelmente a humanidade não estava preparada para um conhecimento tão evoluído. Afinal, a despeito de usufruirmos dos benefícios da energia atômica, sempre haverá Hiroshima e Nagasaki para mostrar que a vaidade do homem o desabilita a ter essa ciência.

As máquinas evoluíram, todavia os homens que as conduzem permanecem os mesmos homens.

O carro de Fórmula 1 é certamente a evolução da carroça. Mas em que o piloto de um Fórmula 1 evoluiu a mais que o homem condutor de carroça?

O conhecimento evoluiu? Certamente que sim! Mas será que o homem evoluiu na mesma medida que as máquinas evoluíram? Certamente que não!

Qual é a verdadeira função de se buscar o conhecimento?

O conhecimento só é útil quando serve como um meio de nos tornar pessoas melhores. Se não for assim, o conhecimento mal utilizado será apenas uma ferramenta útil para validar a vaidade e a maldade do homem.

As máquinas que aparelham o conhecimento do homem serão obedientes a eles, e realizarão apenas aquilo que o homem tem no seu coração. Se o coração do homem for mal, as máquinas que o aparelham serão desenvolvidas unicamente com o intuito de praticar suas maldades.

Para não popularizar aquele conhecimento tão profundo, Jesus tomou o cego pelas mãos e o levou para fora da aldeia.

O Mestre queria proteger a revelação que estava prestes a apresentar a seus discípulos.

PALADAR E TATO

"...cuspindo-lhe nos olhos, e impondo-lhe as mãos..."

Para a geração do século 21, cuspir nos olhos pode ser considerado um ritual muito estranho. Todavia para aqueles dias, tratava-se de um costume corriqueiro.

Para entender essa atitude de Jesus é preciso saber que na antiguidade, o uso da saliva no trato social era comum e aquele ato revelaria ao enfermo que Jesus tinha a real intenção de curá-lo.

A saliva da boca e o toque das mãos. Jesus menciona dois sentidos de seu próprio corpo, e o cego certamente entendeu que Jesus iria curar o sentido da sua visão.

No capítulo 'No Princípio Tudo Era Líquido' falamos acerca do papel primordial da água, sendo a partir dela que todo o Universo teve origem. Relembrando aquele capítulo, podemos começar entender porquê Jesus usou líquido para trazer a claridade do dia àquele pobre homem.

Um dos principais nomes da filosofia de toda história da humanidade foi o grego Tales de Mileto. Esse filósofo não deixou textos escritos. Tudo o que se sabe sobre seus ensinamentos é baseado na tradição oral e em registros deixados por outros pensadores.

Esse filósofo acreditava que a água era a matéria-prima primordial, básica, responsável pela origem e formação de tudo que existe no Universo. O filósofo dizia: "O Universo é feito de água", observando que, sem a presença da água, tudo estava fadado a morrer. Para Tales, a água era a fonte mais básica da vida.

Ao cuspir sobre os olhos do cego, Jesus estava convidando seus discípulos a voltarem ao Gênesis para desvendar alguns mistérios que são equivalentes; "assim na terra como no céu": para o Criador, a construção do universo e a restauração dos olhos de um deficiente é a mesma coisa!

"No princípio criou Deus os céus e a terra. E a terra era sem forma e vazia; e havia trevas sobre a face do abismo; e o Espírito de Deus se movia sobre a face das águas" (Gn 1:1,2). A saliva é composta de 99,1% de água pura. Os demais componentes são substâncias inorgânicas (ânions e cátions) e substâncias orgânicas (mucina, amilase, ureia, lisozima, anidrase carbônica, tiocianato, glicose e algumas poucas outras substâncias).

Saliva é água.

Para o cego de Betsaida "havia trevas sobre a face do abismo".

Para realização do milagre, o Mestre reconstruiu o cenário da criação. Ao cuspir sobre os olhos daquele homem Jesus reproduziu "a face das águas".

Naquele momento os olhos inertes do homem de Betsaida era um ambiente equivalente ao do início do universo.

"...e impondo-lhe as mãos..."

As mãos de Jesus sobre os olhos do homem era o equivalente da pessoa do Espírito Santo: "... e o Espírito de Deus pairava sobre a face das águas".

Os primeiros momentos do Universo foram reproduzidos sobre aqueles olhos doentes: Água e Espírito.

O resultado não poderia ser outro senão o que foi revelado pela confissão do cego, após a indagação de Jesus. "Ele levantou os olhos e disse: Vejo pessoas; elas parecem árvores andando" (Mc 8:24).

Nesse ponto do texto, começa a confusão de interpretações! A grande maioria dos estudiosos afirma que Jesus efetuou a cura do cego em duas etapas. Na primeira investida de Jesus, a cura do homem foi insuficiente, ou melhor, ficou uma cura 'mais ou menos', e por não fazer uma cura plena, Jesus transformou aquele cego em um míope.

Parece piada, mas, pra quem não enxergava nada, passar a enxergar vultos, já estava de bom tamanho!

Não acreditamos assim!

Acreditamos que realmente o milagre foi realizado em duas etapas, mas que, não se tratou de uma cura 'mais ou menos' na primeira etapa. Pelo contrário! Na primeira etapa aconteceu uma cura 'mais e mais'.

Acontece que o cego passou a enxergar muito além que qualquer outro ser humano. Passou a ver além do Véu da Realidade, sem a interferência do Inconsciente Coletivo.

Superior à visão de Raio X, aquele homem passou a ver o Universo Quântico.

Enxergava os homens como Árvores; exatamente a forma que os homens têm: a aparência de um corpo formado por 99% de espaço vazio ocupado por um enxame etéreo de átomos em intensa atividade, que brilham piscando em uma velocidade incrível, no formato de Árvore: A Árvore das Sephirots.

São inúmeros os textos das Escrituras onde os homens são retratados como árvores.

Afirmamos que muito além de ser apenas uma metáfora, a forma de árvore é a verdadeira forma humana após o rompimento do véu da realidade. Quando a matéria do corpo físico é transcendida pela composição do corpo espiritual, o que se vê são árvores que andam.

Não é sem propósito que o Evangelho é chamado de boa semente (Mc 4:1-41). Não é sem propósito que o povo de Israel é comparado a árvores: "Assim saberão todas as árvores do campo que eu, o Senhor, abati a árvore alta, elevei a árvore baixa, sequei a árvore verde, e fiz reverdecer a árvore seca; eu, o Senhor, o disse, e o fiz" (Ez 17:24); o homem bem-aventurado "será como a árvore plantada junto a ribeiros de águas, a qual dá o seu fruto no seu tempo; as suas folhas não cairão, e tudo quanto fizer prosperará" (Sl 1:3).

Em outro momento dos Evangelhos, Jesus protagonizou um evento que nos leva a meditar sobre o formato espiritual do homem. No evento da maldição da figueira, Jesus condenou aquela árvore a se secar, perdendo definitivamente sua vida no mundo físico. Jesus fez isso motivado pela decepção que teve ao procurar frutos nela e não encontrar. Afinal, em um lugar onde a figueira era a árvore mais comum, e onde o clima favorecia plenamente o seu desenvolvimento, porquê aquela figueira não dava devidamente o seu fruto?

Logo em seguida Jesus entra no Templo e expulsa os vendilhões que faziam comércio se valendo da fé do povo.

Tudo sincronizado: momentos antes de amaldiçoar os mercenários da fé, Jesus amaldiçoou uma árvore infrutífera. Árvore do mundo sob o Véu (figueira) sendo amaldiçoada e árvore do mundo além do Véu (comerciantes) sendo amaldiçoada (Mc 11:14,15). Uma árvore do mundo fisico sendo amaldiçoada é a metáfora para a maldição imposta às arvores do mundo espiritual.

CURADO ALÉM DO VÉU DA REALIDADE

"Depois disto, tornou a pôr-lhe as mãos sobre os olhos, e o fez olhar para cima: e ele ficou restaurado, e viu a todos claramente".

Jesus curou o cego tão além da conta que foi necessária uma 'revisão' para baixar a capacidade da visão daquele homem. Perceba que ao executar a segunda etapa, Jesus faz o homem olhar para cima, objetivando naturalmente conferir a esse homem a primeira percepção sob o Véu da Realidade.

Na primeira vez, o ex-cego não olhou para cima. Ele olhou na horizontalidade e contemplou os homens tal qual eles são: como árvores. Na segunda vez Jesus orienta que ele olhe para cima, para o céu.

O curado de Betsaida 'olhou para o Céu' e novamente somos remetidos ao Gênesis: "No princípio criou Deus os céus e a terra" (Gn 1:1). O homem olha para o céu e para todo o firmamento que está sob o Lago das Águas Primordiais: "E fez Deus a expansão, e fez separação entre as águas que estavam debaixo da expansão e as águas que estavam sobre a expansão; e assim foi" (Gn 1:7).

Existe água em cima e existe água em baixo, e, mergulhados sob a turbidez das águas, todos nós percebemos a realidade de forma equivocada. Vemos os homens como bonecos de carne e cabelos, com alguns ossos aparentes; enquanto na verdade os homens são um complexo feixe de energia que se organiza sob o formato de 'arvores que andam'.

OS OLHOS DO PROFETA PODEM VER

"Sucedeu que, havendo eles passado, Elias disse a Eliseu: Pede-me o que queres que te faça, antes que seja tomado de ti. E disse Eliseu: Peço-te que haja porção dobrada de teu espírito sobre mim. E disse: Coisa difícil pediste; se me vires quando for tomado de ti, assim se te fará, porém, se não, não se fará. E sucedeu que, indo eles andando e falando, eis que um carro de fogo, com cavalos de fogo, os separou um do outro; e Elias subiu ao céu num redemoinho. O que vendo Eliseu, clamou: Meu pai, meu pai, carros de Israel, e seus cavaleiros! E nunca mais o viu; e, pegando as suas vestes, rasgou-as em duas partes" (2 Rs 2:9-12).

Eliseu, aprendiz de profeta, tinha em Elias um Mestre da mais elevada experiência e capacidade. No dia em que Elias foi arrebatado no espaço e no tempo, Eliseu teve seus olhos abertos e pode contemplar o que ninguém mais viu.

Em função dos anos de estudo e diante da iminência de perder a companhia do professor, o aprendiz queria seu prêmio de formatura: "Peço-te que haja porção dobrada de teu espírito sobre mim", e o Mestre impôs uma condição: "se me vires quando for tomado de ti, assim se te fará, porém, se não, não se fará".

Eliseu estava diante da possibilidade do sim e do não. Tudo iria depender da sua resposta positiva ao 'Se' imposto pelo Profeta. Se os olhos de Eliseu fossem preparados o suficiente para enxergar além do Véu da Realidade, certamente ele iria receber aquilo que desejava o seu coração.

Todo o êxito da carreira de Eliseu dependia exclusivamente do seu sucesso naquele momento. Antes de Elias partir para realizar outra etapa de sua missão nesse planeta, Eliseu viveu o seu teste final. Ele era Aprendiz de Profeta e aquela era a avaliação definitiva.

Será que Eliseu tinha os olhos preparados para ver o mundo real?

"E sucedeu que, indo eles andando e falando..."

Eliseu andava ao lado de Elias e tudo parecia normal. O Aprendiz não tinha percebido nenhuma mudança na paisagem, todavia seus olhos já estavam abertos para verem além do Véu.   Enquanto andavam e conversavam foram surpreendidos por um Objeto Voador Identificado: "... um carro de fogo, com cavalos de fogo, os separou um do outro; e Elias subiu ao céu num redemoinho".

"O que vendo Eliseu..."

O texto Sagrado não deixa dúvidas: os olhos de Eliseu foram abertos e ele viu. Em um instante o Aprendiz foi elevado à função de Profeta.

Perceba que a condição exigida por Elias para que Eliseu fosse seu sucessor, era que Eliseu enxergasse além da realidade dos sentidos físicos.

Ter os olhos abertos é requisito preliminar para ocupar a posição de Profeta de Deus.

PROFETA E VIDENTE

Viajando 160 anos para o passado dos tempos de Eliseu, entre 1056 e 1004 A.C. (período de 52 anos) encontramos os dias em que viveu o profeta Samuel. A Bíblia fala desse tempo usando os seguintes termos: "Antigamente em Israel, indo alguém consultar a Deus, dizia assim: Vinde, e vamos ao vidente; porque ao profeta de hoje, antigamente se chamava vidente" (1 Sm 9:9).

Analisando o texto percebemos que o termo 'Profeta' é uma evolução do termo Vidente. Ou seja: ser um Vidente é a condição anterior ao posto de Profeta. No original hebraico, identificamos existência de duas palavras usadas para definir a missão desses homens destemidos.

A primeira palavra é 'Roeh' que no Antigo Testamento ocorre por 6 vezes. 'Roeh' significa 'vidente, ou visão, ou aquele que vê'.

A segunda palavra é 'Nabi' que no Antigo Testamento ocorre por 316 vezes. 'Nabi' significa 'porta-voz, ou alto falante, ou profeta'.

Nos dias de Samuel quando alguém ia consultar a Deus, ia com a seguinte intenção: '- Vamos ao 'Roeh' (ao vidente). Vamos naquele que pode enxergar nosso destino e nos dizer se nos daremos bem ou mal em nossas vidas. Vamos ao Vidente e busquemos aprovação para nossas pretensões egoístas'.

Com o tempo esse termo evoluiu, e a palavra Roeh parou de ser utilizada. O povo entendeu que um profeta não era apenas aquela pessoa capaz de ver além do Véu da Realidade, e que suas funções excediam muito a mera previsão de futuro. Um profeta era o porta-voz de Deus. Era aquele que comunicava a voz de Deus ao povo e que tinha a função de exortar, consolar e (também) predizer o futuro.

Eliseu provou que estava pronto para ver Além do Véu da Realidade e que possuia a condição preliminar para ser reconhecido como Profeta. Todavia sua jornada estava apenas começando! Eliseu tinha um grande caminho a percorrer, afinal, enxergar Além do Véu da Realidade é apenas o primeiro degrau. O próximo degrau é descobrir o que fazer com esse conhecimento.

A primeira missão de Elizeu era fazer a si mesmo a seguinte pergunta: - E agora? O que eu vou fazer com o conhecimento profético?

Se a obtenção de conhecimento não melhorar a relação do homem com Deus, com ele mesmo, com o próximo e com a natureza, para que serve enxergar além da superfície do Lago das Águas Primordiais?

"Os olhos são a candeia do corpo. Quando os seus olhos forem bons, igualmente todo o seu corpo estará cheio de luz. Mas, quando forem maus, igualmente o seu corpo estará cheio de trevas" (Lc 11:34).

APRENDIZ QUE SE TORNA PROFETA DEVE ABRIR OS OLHOS DA PRÓXIMA GERAÇÃO

"E orou Eliseu, e disse: Senhor, peço-te que lhe abras os olhos, para que veja. E o Senhor abriu os olhos do moço, e viu; e eis que o monte estava cheio de cavalos e carros de fogo, em redor de Eliseu" (2Rs 6:17).

Imediatamente após Elias entrar no 'carro de fogo', e viajar no tempo e no espaço para dar continuidade à sua missão, Eliseu assumiu o posto de profeta de Israel preenchendo de forma plenamente satisfatória a lacuna formada pela falta de Elias.

Ao ser elevado de posto, Eliseu passa a ter o seu próprio Aprendiz.

O que rapidamente concluímos é que Elias foi muito bem-sucedido ao escolher seu aluno. Todavia, Eliseu, ao contrário de Elias, e talvez por falta de critérios mais rígidos, escolheu um aprendiz que não chegava nem perto do que ele era, enquanto aluno de Elias.

Elias escolheu bem o seu sucessor; já Eliseu...!

Certamente por achar os métodos de Elias duros demais, Eliseu não quis aplicar a mesma metodologia com Geazi.

Eliseu foi livre para fazer a escolha que fez, todavia foi refém de sua escolha por toda a vida.

Geazi foi um aprendiz bem descrito por Platão, quando esse diz: "Podemos facilmente perdoar uma criança que tem medo do escuro; a real tragédia da vida é quando os homens têm medo da luz".

O Antigo Testamento narra de forma sublime uma das aventuras do aluno do Grande Profeta e seu mediano aprendiz. Conta-se um episódio em que o profeta Eliseu e Geazi estavam encurralados pelo exército inimigo.

Ben-Hadade, rei da Síria, cercou a cidade de Samaria com todo seu poderio militar. Naquele tempo a Síria travava guerra contra Israel e o Senhor sempre dava livramento ao seu povo por intermédio da profecia de Eliseu. Deus sempre revelava a Eliseu, previamente, as estratégias de Ben-Hadade (2 Rs 6:9,10).

Conforme relatado, o exército sírio, durante a noite cercou a cidade onde Eliseu e Geazi se encontravam. Ao perceber a situação Geazi entrou em desespero.

Diferente de Eliseu, Geazi era desprovido de coragem. "E o servo do homem de Deus se levantou muito cedo e saiu, e eis que um exército tinha cercado a cidade com cavalos e carros; então o seu servo lhe disse: Ai, meu senhor! Que faremos?" (2 Rs 6:15).

UM DIA DE DESESPERO NA VIDA DO APRENDIZ DE PROFETA

Naquele dia o aprendiz acordou cedo e foi dar uma conferida na situação. Andou pelas campinas a procura de algum sinal de desgraça, e o que ele encontrou foi realmente aquilo procurava. Foi procurar coisa ruim e encontrou exatamente o que estava procurando. Quem vive a vida com a expectativa de que as coisas vão piorar, geralmente recebem como prêmio de sua expectativa, a piora das coisas.

Napoleão Bonaparte estava com a razão quando dizia: "Quem teme ser vencido tem a certeza da derrota".

Quando analisamos a vida de Jó, geralmente só conseguimos notar a presença de um homem muito justo e santo que ficou na linha de tiro entre Deus e o Acusador. Mas havia um grande problema com Jó!

Embora fosse abençoado por Deus em tudo o que fazia, aquele Patriarca era consumido pelo medo de perder tudo que tinha. "Porque aquilo que temia me sobreveio; e o que receava me aconteceu" (Jó 3:25).

O medo de perder o levou a perder.

NÃO TEMAS

A expressão "não temas" é uma das mais comuns e repetidas das Escrituras. Devido às várias versões que temos da Bíblia, a quantidade de "não temas" varia um pouco, mas trata-se de muita repetição!

Parece que a intenção do Espírito Santo é deixar bem frisado que sob o Véu da Realidade não existe nada a se temer.

Na Bíblia de Jerusalém a expressão 'não temas' aparece 47 vezes, na Almeida Corrigida Fiel aparece 84 vezes e na João Ferreira de Almeida Atualizada são 92 aparições.

A todo o momento e em diversas situações Deus está dizendo aos seus filhos: "- não temas".

Fuja do medo!

"Nada a temer, senão o correr da luta. Nada a fazer, senão esquecer o medo" (Milton Nascimento).

O medo cria um mundo de ilusão e como um ímã atrai para a realidade aquilo do que se tem medo.

Jó experimentou isso: o que ele temia lhe sobreveio.

O SOCORRO VEM PELA PERCEPÇÃO DA REALIDADE

A mente de Geazi não conseguia perceber a salvação, afinal, dentro dele não havia uma fé inabalável. Quando o vislumbre do exército inimigo se revelou como um panorama de destruição real e imediata, o servo do Profeta correu até Eliseu buscando por socorro.

A sensação de impotência e de medo dominava o rapaz.

Eliseu estava impávido diante da situação.

Com serenidade o profeta respondeu: "Não temas, porque mais são os que estão conosco do que os que estão com eles" (2Rs 6:16).

Tudo que Geazi via era o que estava sendo projetado pelo seu inconsciente no tecido do Véu da Realidade. Geazi não entendeu nada, pois estava preso ao mundo dos sentidos. Estava acorrentado à esmagadora realidade da física material.

Nada é mais compreensível que a atitude de Geazi, pois diferente de Elizeu, Geazi não era um profeta de verdade.

Um Profeta de verdade vibra em outra frequência, escrevendo música para ouvidos bem treinados e habilmente preparados. Entender o que um Profeta diz não é tarefa para qualquer um.

Eliseu já estava habituado a ver o que ninguém mais estava vendo. Seus olhos espirituais já haviam sido ativados na ocasião da viagem de Elias.

Naquele momento em que Geazi estava claramente descontrolado em seus sentidos, Eliseu, vendo a aflição de seu aprendiz, orou para que Deus abrisse os seus olhos.

Deus atendeu a oração de seu Mensageiro e abriu os olhos de Geazi.

O que aquele rapaz viu não foi uma ilusão de ótica criada com a finalidade de acalmá-lo. Também não foi fruto de sua imaginação controlada por um Profeta hipnotizador.

Geazi viu apenas o que já estava lá o tempo todo. Caiu o pano da realidade e o aprendiz passou assistir aquilo que acontece quando os atores não estão representando seus papéis sobre a ilusão do palco.

O mundo espiritual é real (!) e Geazi viveu sua primeira experiência sensorial com ele.

Quando seus olhos se abriram, ele viu além do Véu da Realidade.

Viu que o monte estava cheio de cavalos e carros de fogo.

Essa é a verdadeira realidade: estamos imersos em um universo habitado por imaterialidade. Um mundo espiritual, povoado por anjos, seres espirituais de grande poder e autoridade, com missões específicas sendo executadas no espaço e no tempo do nosso universo. Seres investidos de poder, que trabalham no hiato do equilíbrio entre as forças da luz e das trevas.

Você, como protagonista da própria história, o que vai fazer com esse conhecimento?

A AVENTURA CONTINUA

A aventura de Elizeu e Geazi ainda não finalizou! O mais interessante ainda está por vir!

"Quando o exército sírio avançou sobre eles, Eliseu orou: 'Senhor, peço-te que os cegues'. E assim foi. Eliseu foi ao encontro deles e lhes disse: '- Vieram por caminho errado; não é esta a povoação que vos interessa. Venham comigo e levar-vos-ei ao homem que procuram'. E Elizeu conduziu todo o exército a Samaria! Assim que chegaram, Eliseu orou de novo: '- Senhor, abre-lhes os olhos agora para que vejam'. O Senhor assim fez, e os soldados constataram que estavam em Samaria, a capital de Israel! O rei de Israel, ao vê-los, gritou para Eliseu: '- Oh, senhor, mato-os? Mato-os?' Eliseu respondeu: '- De maneira nenhuma! Iríamos matar prisioneiros de guerra? Dá-lhes de comer e de beber, e manda-os embora'. O rei preparou-lhes uma grande festa, e depois deixou-os irem ter com o seu rei. Após isso, os comandos sírios suspenderam as investidas sobre a terra de Israel" (2 Rs 6:18-23).

Quando o exército Sírio percebeu que haviam sido descobertos, imediatamente avançaram sobre o povo de Deus. Percebendo a investida do inimigo, novamente Eliseu orou pela intervenção do

Senhor. Todavia Eliseu orou diferente!

Com a evolução da situação, a prece de Eliseu se tornou inversa à prece anterior.

Na primeira oração Eliseu rogou que Deus abrisse os olhos de Geazi. Na segunda ele rogou para que Deus cegasse os olhos do exército sírio.

Primeiro Eliseu rogou para que Deus afinasse a espessura do Véu da Realidade para que Geazi pudesse enxergar os demais ocupantes daquele lugar. Na segunda oração Eliseu rogou a Deus que engrossasse o Véu, a ponto dos soldados sírios nada mais verem daquela realidade.

Deus atendeu a oração do seu Profeta.

O Véu da Realidade se tornou tão espresso, que os sírios perderam completamente o raciocínio lógico passando a perceber a manifestação de outra realidade.

Note que se fosse cegueira física eles entrariam em desespero gritando: 'estamos cegos, estamos cegos'. Mas os soldados não reclamaram disso. Pelo contrário, ficaram gratos e confiantes quando Eliseu se aproximou deles dizendo: "Vieram por caminho errado; não é esta a povoação que vos interessa. Venham comigo e levar-vos-ei ao homem que procuram. Elizeu conduziu todo o exército a Samaria!".

Aqueles guerreiros foram naquele lugar para matar Eliseu e no imediato momento seguinte passaram a se comportar como se Eliseu e aquele lugar fossem completamente desconhecidos.

O que aconteceu com a inteligência daquela corporação militar?

A única explicação é que sendo transportados para uma realidade paralela, esqueceram-se completamente do que estavam fazendo ali. Na cabeça daqueles soldados, Eliseu tinha deixado de ser seu inimigo e passou a ser seu ajudador.

Será que Eliseu os hipnotizou? Certamente que não!

Os olhos que enxergam o mundo físico são os olhos do corpo físico. Os olhos que enxergam o mundo espiritual são os olhos do corpo espiritual. Os olhos do corpo físico por mais espetaculares que sejam ainda são imensamente inferiores aos olhos do corpo espiritual, afinal, tudo que é físico trata-se de uma cópia imperfeita.

Os olhos do corpo físico podem ser manipulados pela mente. O Véu da Realidade tem espessura proporcional à sua consciência cósmica. Ele se engrossa e se torna delgado em função da sua conexão com o plano espiritual superior.

Para o exército sírio, o tecido mudou de espessura em um rápido espaço de tempo, por duas vezes sequenciadas, sob a demanda de Eliseu. "E Elizeu conduziu todo o exército a Samaria! Assim que chegaram, Eliseu orou de novo: 'Senhor, abre-lhes os olhos agora para que vejam'. O Senhor assim fez, e os soldados constataram que estavam em Samaria, a capital de Israel!"

Os Olhos de Geazi foram abertos enquanto os olhos do exército foram fechados. Os olhos de Geazi passaram enxergar a realidade enquanto a percepção do inimigo mergulhou em uma fantasia maior ainda.

O que aconteceu a seguir foi uma vitória à moda de Sun Tzu. "A maior vitória pertence àquele que vence sem desembainhar sua espada" (Sun Tzu).

OPOSTOS SE DESTROEM

"O que fazemos em vida ecoa na eternidade. Conheci um homem que disse uma vez que a morte sorri a todos nós. Tudo o que podemos fazer é sorrir de volta" (do filme Gladiador, dirigido por Ridley Scott).

Nos momentos iniciais do Big Bang, matéria e antimatéria foram criadas na mesma proporção e ao mesmo tempo, surgindo pelo poder da Palavra que "chama à existência coisas que não existem, como se existissem" (Rm 4:17).

Contrariando toda lógica, para cada quark existia um antiquark, para cada próton existia um antipróton, para cada elétron existia um antielétron, para cada fóton existia um antifóton.

O inexplicável desse evento é que matéria e antimatéria não podem coexistir no mesmo espaço e ao mesmo tempo, pois, a colisão das duas gera uma explosão que destrói ambas.

A ciência acredita que matéria e antimatéria foram trazidas à existência em quantidades iguais e que se destruiram a uma velocidade de tempo inimaginável.

É a matemática do +1 confrontando o − 1! Não sobra nada. Mas o que era matematicamente impossível aconteceu, e, os cientistas só poderão explicar esse 'milagre', quando acrescentarem a pessoa de Deus às suas equações.

Em tese, imediatamente após o big-bang, a quantidade de matéria criada deveria corresponder a uma quantidade igual de antimatéria. Por essa equação o universo nunca deveria ter sido formado tal qual como é. O que deveria haver em seu lugar seria um eterno mar de energia.

O que foge da lógica a ciência não explica e caminha na busca por respostas para esse mistério.

Logo no início de sua história, todo o universo estava fadado ao fim.

Basta fazer um simples cálculo para compreendermos que se existem 1000 partículas de matéria e 1000 partículas de antimatéria colidindo e se anulando, obviamente, não deveria sobrar nada.

Por alguma razão ainda não explicada, a matéria venceu a batalha contra sua rival de polaridade inversa. Sobrou mais matéria. E o saldo de matéria se moldou e formou tudo que existe: a luz, planetas, galáxias, estrelas e você.

Existe um paradoxo que a ciência não compreende! – 'Porque a matéria venceu essa batalha?'.

A resposta ainda não foi elaborada pela ciência, todavia temos a certeza de que existimos por causa dessa misteriosa vitória!

Quem sustentou o paradoxo fazendo com que todas as coisas viessem à existência como hoje a conhecemos?

A resposta está nas Escrituras inspirada pelo Espírito Santo que habilita o homem a enxergar além da física material.

ANTES DA FUNDAÇÃO DO MUNDO

A matéria venceu a batalha porque o Cordeiro morto antes da fundação do mundo sustenta o paradoxo desde sempre.

Era da vontade do Cordeiro que tudo viesse à existência para serviço do louvor da Sua própria glória. Sabemos disso porque as Escrituras afirmam que a obra de Cristo foi "conhecida antes da criação do mundo" (1Pe 1:20).

"O qual é imagem do Deus invisível, o primogênito de toda a criação; porque NELE foram criadas todas as coisas que há nos céus e na terra, visíveis e invisíveis, sejam tronos, sejam dominações, sejam principados, sejam potestades. Tudo foi criado POR Ele e PARA Ele. E ele é antes de todas as coisas, e todas as coisas subsistem por Ele" (Cl 1.15-17)

Através do axioma "assim na terra como no céu", concluímos que tudo que veio à existência foi percebido em acontecimentos que transcorreram em mais de um nível de realidade.

O que aconteceu sobre o véu, foi replicado sob o véu.

Esse é o chamado 'efeito espelho', onde tudo que acontece em um lugar é espelhado para outro nível de realidade.

O Apóstolo João nos conta a história da batalha da matéria contra a antimatéria através de um desfile de situações fantásticas, habitadas por seres de aparência dantesca.

A batalha pela consolidação de nosso universo foi contada na forma do simbolismo peculiar do Livro da Revelação, o Apocalipse.

A sabedoria da profecia de João, a exemplo dos escritos dos sábios hermetistas e dos antigos rabinos cabalistas, foi ocultada por véus, para ser entendida apenas por aqueles que eram dignos de receberem a revelação do segredo.

"E houve batalha no céu; Miguel e os seus anjos batalhavam contra o dragão, e batalhavam o dragão e os seus anjos; mas não prevaleceram, nem mais o seu lugar se achou nos céus. E foi precipitado o grande dragão, a antiga serpente, chamada o Diabo, e Satanás, que engana todo o mundo; ele foi precipitado na terra, e os seus anjos foram lançados com ele" (Ap 12.7-9).

O texto começa nos informando literalmente o local onde a batalha foi travada. A batalha foi no céu. Na imensidão de todo o espaço de nosso universo.

Lúcifer foi banido do Céu dos Céus, onde vivia do lado externo do Lago das Águas Primordiais, servindo ao Eterno no Monte da Congregação. Após a revolta dos anjos, Lúcifer foi banido da eternidade para o tempo. Foi banido para o comprimento da onda onde o nosso universo estava em plena evolução.

O BOM HUMOR DO ALTÍSSIMO

Deus tem um intrigante senso de humor. Se tem algo para ser realizado, será realizado!

Deus tem a habilidade produzir beleza a partir da feiura.

A Bíblia está cheia de histórias que exemplificam essa forma de Deus agir.

Foi assim que ele fez nos tempos do profeta Micaías, quando precisou punir uma nação inteira.

Nesse tempo, Deus reuniu o conselho celestial e ali foi decidido que algo feio deveria ser feito; e o diabo foi encarregado para realização dessa tarefa.

Micaías prosseguiu: "Ouça a palavra do Senhor: Vi o Senhor assentado em seu trono, com todo o exército dos céus ao seu redor, à sua direita e à sua esquerda. E o Senhor disse: 'Quem enganará Acabe para que ataque Ramote-Gileade e morra lá?' E um sugeria uma coisa, outro sugeria outra, até que, finalmente, um espírito colocou-se diante do Senhor e disse: 'Eu o enganarei'. '- De que maneira?', perguntou o Senhor. Ele respondeu: '- Irei e serei um espírito mentiroso na boca de todos os profetas do rei'. Disse o Senhor: '- Você conseguirá enganá-lo; vá e engane-o'. E o Senhor pôs um espírito mentiroso na boca destes seus profetas. O Senhor decretou a sua desgraça" (1 Rs 22:19-23).

Era algo bem feio que precisava ser feito.

Então, nada mais adequado do que ser feito pelo senhor das coisas horríveis.

A CRIAÇÃO DAS HIERARQUIAS CELESTES

Genesis 2:1 e Êxodo 20:11 nos leva a concluir que as Hierarquias Celestes foram criadas no máximo até o sexto dia. Serafins, Querubins, Tronos, Dominações, Potestades, Virtudes, Principados, Arcanjos e Anjos foram criados junto com a criação dos céus, e antes da criação da terra. Todavia, analisando outros textos percebemos que as hierarquias celestiais foram criadas bem no início da semana da criação.

O primeiro versículo da Bíblia é bem sugestivo em dizer que "No princípio criou Deus os CÉUS e a terra", mostrando que no início da criação foram feitos os céus.

O contraste na forma como os céus e a terra foram criados é notório e podemos percebê-lo no versículo seguinte: "a terra era sem forma e vazia". Veja isso: Deus criou os CÉUS, mas não concluiu a criação da terra, pois o texto diz que a mesma era sem forma e vazia.

Fica o contraste: a terra era inabitada, porém os céus já estavam estabelecidos com seus habitantes, delegados em suas hierarquias e funções.

"Onde estavas tu, quando eu fundava a terra? Faz-me saber, se tens inteligência. Quem lhe pôs as medidas, se é que o sabes? Ou quem estendeu sobre ela o cordel? Sobre que estão fundadas as suas bases, ou quem assentou a sua pedra de esquina, Quando as estrelas da alva juntas alegremente cantavam, e todos os filhos de Deus jubilavam?" (Jó 38.4-7).

Deus respondeu às indagações existenciais do seu servo Jó fazendo uma afirmação muito esclarecedora acerca da criação.

No ato primordial da criação "as estrelas da alva cantavam", fazendo referência a todas as classes de seres celestiais. Note que esses eventos de louvor dos seres celestiais aconteceram em um tempo anterior à criação do homem, antes do sexto dia.

É essencial saber que: se Deus lançou o fundamento da Terra no dia terceiro (Gênesis 1.9-13), podemos interpretar que os anjos só poderiam ter sido criados entre o primeiro e o segundo dia da criação.

Por essa lógica concluímos que Lúcifer não foi banido dos céus em um tempo anterior à criação do nosso universo, já que tudo indica que as hostes celestes foram criadas entre o primeiro e o segundo dia da criação.

Jó 38:6,7 ensina que os anjos já se rejubilavam quando Deus lançava os fundamentos do universo.

Muito lógico afirmar que o Eterno criou os anjos logo no início do primeiro dia quando "No princípio Deus criou os CÉUS" (Gn 1.1).

Quando o Grande Arquiteto criou os Céus, junto com os céus, Ele criou sua legião de habitantes.

A MISSÃO DO DESTRUIDOR

Lúcifer e seus seguidores travaram guerra contra os anjos de Deus no Céu dos Céus.

Lembre-se do que dissemos: os acontecimentos de uma relidade são espelhados na realidade inferior. O que aconteceu na batalha celeste foi espelhado no nosso universo através da luta da matéria contra a antimatéria. Na nossa realidade dimensional, tratou-se da luta do universo por existir.

A batalha aconteceu em diferentes níveis de realidade: a batalha do exército de Lúcifer contra os anjos fiéis a Deus se refletiu em nosso universo nos eventos calamitosos da criação material.

Enquanto os fiéis anjos de Deus lutavam uma épica batalha nos campos do sublime mundo acima do Lago das Águas Primordiais, paralelamente, e de forma correspondente, a matéria e a antimatéria lutavam nos céu do nosso universo.

Na guerra que definiu o banimento do inimigode Deus e de seus comparsas, o universo inteiro entrou em colapso.

Se essa Guerra anjélica não existisse, também não existiria a batalha na expansão da totalidade do espaço temporal. E se não houvesse aniquilação de matéria e antimatéria, certamente o nosso universo não existirira da forma que é.

Quanto tempo se passou entre o Big Bang e a queda de Lúcifer na onda de expansão? Difícil de definir, mas, com certeza não demorou mais que alguns segundos pela perspectiva do observador que fitava os eventos da criação.

Os eventos do conflito da matéria contra a antimatéria nos faz pensar que o plano de Deus corria um sério risco de não ter dado certo. Todavia pensar assim é um imenso erro de nossos limitados pensamentos.

Podemos afirmar com toda certeza que esse sempre foi o plano de Deus. O Eterno usou o trabalho de Lúcifer nos momentos iniciais da criação do universo.

A Batalha dos Anjos criou o reflexo da realidade manifestada e isso foi o que Deus planejou, desde muito antes.

Deus nunca foi surpreendido por nada ou por ninguém. Ele é quem sabe o fim desde o começo.

O Universo foi projetado para ser o que é, e da forma que é.

Segundo Agostinho de Hipona "O Demônio não pode fazer mais do que lhe é permitido por Deus", e Martinho Lutero repete a mesma conclusão quando afirma que "O diabo é o diabo de Deus".

No fim das contas o diabo não fez nada além do era pra ser feito.

O diabo não sabia de nada, mas Deus sabia de tudo!

Enquanto Lúcifer lutava, pensado que teria chance de lograr vitória, Deus ria de sua arrogância e enquanto sorria, o Criador usava seu rival para o estabelecimento dos seus propósitos eternos.

DA ETERNIDADE PARA O TEMPO

No segundo dia da criação Lúcifer foi precipitado sobre o planeta Terra que estava em formação.

Após o término de cada dia da criação, Deus encerrava seu 'dia de trabalho' concluindo: "E viu Deus que era bom". Foi assim em todos os dias 'úteis' da semana, com exceção do segundo dia.

O segundo dia da Criação é o momento em que Satanás, sendo vencido na imensidão do Céu dos Céus, foi precipitado sobre a Terra, e aqui passaria estabelecer o seu reinado.

A soberania de Deus é inexplicável: Deus baniu satanás da eternidade para o tempo. O tempo é o castigo eterno para satanás.

Como castigo por seu pecado, o diabo foi banido da eternidade para o tempo enquanto o homem foi criado no tempo e destinado a ir para a plenitude da eternidade.

A tarefa elementar da igreja é desalojar satanás daquilo que ele usurpou. Não existe legalidade do inimigo sobre o universo, nem mesmo sobre a terra.

Sua derrota já foi proclamada na Cruz.

Com autoridade pujante a igreja é o instrumento para retomar os territórios que satanás usurpou.

Quem criou satanás? '- Ninguém!' Deus criou um querubim; este se rebelou e se tornou satanás. Nesse ponto, a mente humana fica permeada de dúvidas frente a uma aparente contradição. 'Se Deus sabe todas as coisas antes que elas aconteçam, e Deus sabia que o pecado iria acontecer, porque fez criaturas com a capacidade de escolher entre o bem e o mal?'.

Por que Deus criou alguns anjos com a capacidade de se rebelar contra Ele? A resposta é simples: Ele fez porque quis.

Se não entendemos os motivos de Deus o problema não é com Deus, é conosco. Ele é o Criador e nós somos criaturas. Se eu não entendo é porque minha mente é infinitamente inferior à Dele.

Não podemos afirmar com precisão quantos anjos seguiram a Lúcifer em sua rebelião, mas Apocalipse 5.11 nos informa que existem milhões de milhões e milhares de milhares de anjos. Se considerarmos que um terço seguiu a Lúcifer, podemos quantificar o exército de satanás em centenas de milhões de anjos caídos.

Quando esses anjos se rebelaram, com certeza não ficaram sem o devido castigo. A punição para os rebeldes foi o banimento da eternidade para o tempo.

Por isso a Bíblia diz que para o diabo existe pouco tempo. "...Ai da terra e do mar, pois o diabo desceu até vós, cheio de grande cólera, sabendo que pouco tempo lhe resta" (Ap 12:12).

Para quem vivia na eternidade, passar a contar os ponteiros do relógio é o maior castigo.

Existe um tempo determinado para o fim das obras do diabo, embora ele mesmo continue imortal. Ele pecou na eternidade e foi banido para o tempo. Mas ele não ficará no tempo para sempre; o castigo final de Satanás será efetuado na eternidade.

Ele viveu na glória e foi banido para sentir na pele o que é ver os ponteiros do relógio marcharem contra ele. Certamente o 'tic tac' do relógio soa mais ameaçador do que o tilintar das espadas dos anjos que os derrotaram.

Finalmente, envergonhado e humilhado, será encaminhado novamente para a eternidade de castigo.

Tudo indica que antes de sua queda, tinha a posição de receber os alegres louvores e encaminhá-los a Deus. Após a queda, satanás nunca mais cantou. Na eternidade de condenação, seu canto será um eterno gemido de dor e agonia.

DO TEMPO PARA A ETERNIDADE

Deus criou o homem mortal e dentro do tempo.

Satanás ficou perplexo quando assistiu a criação do homem. De longe era criação mais estranha que Deus já havia feito.

O homem se parecia com Deus e possuía a capacidade de se relacionar com o Criador, capacidade esta que nenhum outro anjo possuía. Nem mesmo ele!

A partir do momento da criação, o homem passou a ser a maior obsessão de satanás. O diabo faria qualquer coisa para derrubar a coroa da criação de Deus.

O que deixava Lúcifer absolutamente perplexo era que o homem e sua mulher eram seres absolutamente diferenciados dos anjos: eles se reproduziam.

Para completatar havia algo mais assustador ainda. E isso era o que deixava satanás cheio de desejo de atrair o homem para seus planos: Todos os espíritos que foram gerados em Deus individualmente estavam dentro de Adão. Todos!

Adão era o receptáculo de todos os espíritos que o Pai dos Espíritos gerou dentro de Si mesmo.

Como o homem era temporal e mortal, satanás pensou que a desobediência de comer o fruto proibido seria o fim de toda a humanidade. Mas o inimigo estava errado!

Satanás julgava Deus a partir de si mesmo. Ele havia se tornado mal e pensava que Deus também seria tão mal quanto ele.

Qualquer teólogo sabe que Deus pode decidir ser mal, se assim Ele quiser. Todavia Deus sempre decide ser bom. Bondade e Misericórdia são atributos do caráter de Deus e satanás não contava com essa graça.

Na cabeça de Satanás, a criação do homem era uma tentativa de Deus em substituí-lo. Afinal, antes de o homem existir, era ele quem ocupava o posto de grande adorador de Deus nos céus.

A REVELAÇÃO DA JUSTIÇA DE DEUS

Quando Lúcifer se rebelou, o conceito de Justiça de Deus ainda não havia se manifestado. Isso porque até o momento do pecado de Lúcifer, nunca havia acontecido qualquer tipo de rebelião no universo.

Satanás conhecia muitos atributos de Deus. Conhecia o Amor e a Santidade. Mas na sua cabeça, o conceito de Justiça simplesmente não existia. Lúcifer não imaginava até onde Deus iria para vingar sua honra.

Quando experimentou o cálice da ira de Deus, Lúcifer foi apresentado a um Deus que ele ainda não conhecia.

A Justiça de Deus, mãe da Ira, determinou o fim mais terrível para seu inimigo.

A partir de então, Satanás não tinha mais nada a perder.

Seu foco seria destruir a criação de Deus.

Ele já havia perdido tudo, e dessa forma, com o tempo que tinha, queria causar o maior estrago possível.

O próximo passo do inimigo foi tentar cooptar aquele que era responsável por manter o universo inteiro em equilíbrio: o primeiro homem.

ÓDIO À PRIMEIRA VISTA

Quando o diabo contemplou o homem pela primeira vez, seu ódio foi dirigido a Deus.

Essa é a razão porquê o diabo detesta o homem: O diabo odeia a humanidade porque em primeiro plano ele odeia a Deus.

Tudo que o diabo faz contra a humanidade, ele faz contra Deus. Por essa razão Deus sempre luta nossas batalhas. Ao te defender, Deus está preservando em primeiro lugar a Sua própria honra.

O plano de satanás era o seguinte: '- Eu não posso destruir o homem. Mas eu posso induzir o homem ao erro. Se eu fizer o homem pecar, Deus terá que tomar uma atitude. Isso vai fazer com que Deus seja obrigado a destruir a sua criação. O mesmo que Deus fez comigo, Deus vai fazer com o homem'.

Mas havia algo que satanás não sabia, e que a Bíblia chama de 'Mistério'.

O MISTERIOSO PLANO DE DEUS

"E demonstrar a todos qual seja a comunhão do MISTÉRIO, que desde os séculos esteve oculto em Deus, que tudo criou por meio de

Jesus Cristo; para que agora, pela igreja, a multiforme sabedoria de Deus seja conhecida dos principados e potestades nos céus, segundo o eterno propósito que fez em Cristo Jesus nosso Senhor" (Ef 3.9-11).

Antes da rebelião de Lúcifer e muito antes da criação do universo, a Trindade Santa se reuniu numa Assembléia secreta para decidirem o futuro de todas as coisas.

Inevitavelmente, chegaram ao assunto: 'O HOMEM VAI PECAR'!

Com a liberdade criativa de escritor, estando firmemente baseado na coerência dos pensamentos, especulamos o conteúdo da conversa da Trindade Santa.

PAI: '- Vamos criar o homem conforme nossa imagem e semelhança, para louvor de Nossa glória'.

FILHO: '- Mas o homem vai se rebelar contra nós, desobedecendo nossa ordem estabelecida. O universo vai entrar em colapso e tudo vai ser sugado pela condenação eterna'.

ESPÍRITO SANTO: '- Um ser criado cometerá um erro e não há nada que ele possa fazer para consertar. As consequências do erro do homem serão aplicadas por toda eternidade. Para que as consequências da desobediência do homem sejam revertidas, um de nós terá de agir de forma direta. Para sustentarmos o universo, um de nós terá que se sacrificar'.

É nessa hora que a voz do Cordeiro de Deus que tira o pecado do mundo foi ouvida! Ouviu-se a voz do Cordeiro que foi morto antes da fundação do mundo.

FILHO: '- Eis-me aqui, envia a Mim'.

A primeira coisa que Deus criou para nosso universo foi a Cruz.

A primeira fala não foi HAJA LUZ.

A primeira fala foi HAJA CRUZ.

E porque a Cruz foi criada antes da Luz, todas as demais coisas valeriam a pena serem criadas.

A Cruz de Cristo é o mistério oculto desde antes da fundação do mundo.

O PLANO DA SERPENTE

A estratégia do diabo foi inteligente e arrojada.

O princípio teológico usado por satanás era perfeitamente pavimentado pelo raciocínio lógico: '- Deus é santo e seu caráter não admite o pecado. Quando o homem pecar, a ira de Deus irá se manifestar e será obrigado a destruir aquele que foi criado para me substituir'.

Satanás nunca mudou, nem nunca vai mudar de estratégia. Percebemos isso se repetindo em diversos momentos da narrativa bíblica.

A história de Balaão e Balaque é contada entre os capítulos 22 e 24 do Livro de Números.

O rei Balaque procurou Balaão para que este profetizasse contra Israel. Balaão respondeu a Balaque que isso era impossível porque Israel era o povo escolhido do Senhor. Todavia Balaque instigou Balaão, e para convencê-lo deu a ele muitos presentes.

Balaão disse a Balaque: '- Amaldiçoar não tem jeito! Mas podemos colocar entre os israelitas algumas mulheres de costumes pagãos. Eles vão se unir a elas e elas vão ensinar costumes errados a eles. Eles vão adorar outros deuses e o Senhor do céu os destruirá'.

Satanás sempre soube que não poderia destruir o homem. Dessa forma, ele deseja o tempo todo jogar o homem contra Deus. Quer que o homem blasfeme contra o amor, contra a bondade e contra a soberania de Deus.

O diabo sabe que não tem o direito de tocar no homem. A sua intenção é fazer com que o homem peque contra Deus, para que Deus o destrua.

A GRAÇA PRESENTE NO ÉDEN

No princípio da história da humanidade, quando o homem pecou, vivendo no interior do Jardim, aconteceu algo que satanás não conhecia. Satanás que já havia sido apresentado a um atributo de Deus ainda desconhecido, naquele momento estava sendo apresentado a outro ainda mais surpreendente.

No Jardim, o diabo foi apresentado à outra marca do caráter de Deus: A Graça.

A graça é manifestada quando pela primeira vez o sangue foi derramado. "E fez o Senhor Deus a Adão e à sua mulher túnicas de peles, e os vestiu" (Gn 3:21). Um animal morreu e sua pele cobriu a nudez do homem. Essa é a menção do primeiro sacrifício.

A partir daquele dia, durante milênios, animais deveriam morrer no lugar do homem, com a finalidade de poupá-lo da morte.

Foi assim, através de um complexo sistema de sacrifício ritual que o homem permaneceu 'vivo' diante do seu Criador; até o dia que o Cordeiro de Deus satisfez plenamente a Justiça, derramando sobre a Cruz a sua própria vida, no lugar da vida de Adão.

A Graça de Deus se manifestou quando Deus chamou o homem do tempo para a eternidade.

Satanás havia sido criado na eternidade e banido para o tempo. O homem foi criado no tempo e chamado para a eternidade.

A SENTENÇA DAS SERPENTES

"Então o Senhor Deus disse à serpente: Porquanto fizeste isto, maldita serás mais que toda a fera, e mais que todos os animais do campo; sobre o teu ventre andarás, e pó comerás todos os dias da tua vida" (Gn 3.14).

A palavra 'serpente' não está no plural, mas a dupla condenação revela que se travava distintamente de dois seres.

A cobra recebeu a punição de rastejar sobre o próprio ventre e de ser conhecida como o mais maldito animal, dentre todos os animais da face da terra. Todavia o destino desse animal não será de condenação eterna. No governo milenar de Cristo (Is 11.8,9), após pagar pelo erro de ter sido médium do diabo, esse animal será restituído em seu status primário.

O maior castigo estava reservado para outra serpente! A Serpente que se chama diabo recebeu a maldição de comer pó.

Sabemos que cobra não come pó! Tudo que ela come, pode até ter gosto de pó, mas não é pó.

Então, de que pó Deus está falando?

Deus disse a Adão: "tu és pó" (Gn 3.19).

Pó é a matéria prima da carne do homem e o diabo se alimenta das obras da sua carne. "Porque as obras da carne são manifestas, as quais são: adultério, fornicação, impureza, lascívia, idolatria, feitiçaria, inimizades, porfias, emulações, iras, pelejas, dissensões, heresias, invejas, homicídios, bebedices, glutonarias, e coisas semelhantes a estas, acerca das quais vos declaro, como já antes vos disse, que os que cometem tais coisas não herdarão o reino de Deus" (Gl 5:19-21).

O diabo só é forte quando é bem alimentado.

Ele não tem força na vida do homem que não o alimenta.

COMIDA PARA O DIABO

Tudo começa no campo mental e posteriormente é manifestado no mundo físico. Tudo é feito de energia.

As teorias de Einstein e Broglie, afirmam que energia produz massa e que a nível atômico, toda matéria é composta de energia.

Sabemos que os pensamentos produzem ondas de energia que podem inclusive serem medidas através de um simples exame de Eletroencefalograma.

A partir dessas duas informações concluímos que: 'se energia produz massa, e pensamento produz energia, logo todos os pensamentos produzem massa'.

Ainda que seja uma quantidade minúscula de massa, essa massa está lá.

Na consciência humana é onde toda a energia vital é produzida. A consciência não consome energia, pelo contrário! Os pensamentos produzem energia. Energia boa e energia ruim.

É uma espécie de reator que possui poder de produzir elevadas quantidades de alimento. Essa energia é dividida em dois grupos distintos: Luz e Trevas.

A matéria produzida pelos pensamentos é o alimento dos seres espirituais que nos rodeiam. Anjos do bem se alimentam de Luz e espíritos imundos se alimentam de Trevas.

A serpente do paraíso foi condenada a se alimentar das obras da carne do homem.

Desde seu nascimento a nível mental, as obras da carne produzem energia capaz de alimentar demônios de estimação, que por terem comida diariamente, não se afastam de seus servos.

O homem se torna o cozinheiro desses espíritos, agindo em conformidade com suas sugestões, alimentando-os com a energia deletéria produzida por seus pensamentos e ações.

Perceba que as sinapses neurais é a representação elétrica e material daquilo que acontece a nível psíquico, mais profundo. O efeito material visível é manifestado quando a quantidade de energia produzida é suficiente para produzir a realidade visível.

Um pensamento, por mais simples, tem o poder de gerar uma onda psíquica, que é pura energia.

Quanto mais forte e intenso é o pensamento, mais energia ele produz, e por sua vez, maior é a quantidade de matéria produzida.

Cabe ao homem racional imprimir vigilância constante aos seus pensamentos.

Sabedor desse fantástico poder da mente humana, o homem sábio deve renovar sua mente, modelando-a aos princípios do seu Criador. "Não se amoldem ao padrão deste mundo, mas transformem-se pela renovação da sua mente, para que sejam capazes de experimentar e comprovar a boa, agradável e perfeita vontade de Deus" (Rm 12:2).

O Aprendiz deve seguir o Manual de Instruções. Afinal, somente a Luz tem o poder de manifestar a boa realidade que almejamos.

O capítulo 4 do livro de Provérbios de Salomão é um 'Manual do Usuário' para operação do mecanismo da consciência. "Sobretudo o que se deve guardar, guarda o teu coração, porque dele procedem as fontes da vida" (Pv 4:23).

TODOS TEM UMA EXPLICAÇÃO

"Já fui católico, budista, protestante. Tenho livros na estante, todos tem explicação. Mas não achei! Eu procurei!" (Raul Seixas).

Nunca parou de se escrever acerca dos dias da criação.

Desde a literatura da Grécia clássica, dos pictogramas egípcios, das tábuas de argila, até os mais modernos tratados de teologia sistemática, sempre houve estudioso disposto a manifestar sua opinião, constatação ou comentário sobre a forma usada pelas divindades históricas para construírem esse imenso prédio que chamamos de universo.

Esses relatos antigos, em função da suposta evolução do homem, com o passar do tempo recebem uma nova designação. O que era a religião de um povo passa a ser chamado de Mitologia. Nesse sentido o mitólogo Joseph Campbell, de forma intimista define muito bem o sentido do termo 'Mitologia': "Mitologia é o nome que damos à religião dos outros".

É certo que ninguém tem satisfação em perceber que a religião que professa é considerada como mitologia por algum outro grupo.

A intolerância motiva a construção da apologética religiosa.

As faculdades cristãs são peritas em analisar a religião dos outros, incluindo no currículo de seus cursos acadêmicos uma matéria específica para condenar e denegrir as doutrinas e dogmas das outras religiões. Algumas faculdades chamam essa matéria de 'Seitas e Heresias', outras, na tentativa de parecerem mais elegantes dão um nome mais rebuscado para a mesma coisa, chamando a matéria de 'Apologética Cristã'.

Na defesa das prerrogativas de sua fé pessoal, o ser humano não mede esforços em elaborar argumentos que torne suas crenças mais legítimas, mais elegantes, mais carregadas de sentido, indo às últimas consequências através de assédio moral e intelectual na busca de aliciar prosélitos.

Certamente era o preconceito e a intolerância religiosa que motivava os fariseus dos tempos de Jesus a serem prosélitos profissionais. "Ai de vós, escribas e fariseus, hipócritas! pois que percorreis o mar e a terra para fazer um prosélito; e, depois de o terdes feito, o fazeis filho do inferno duas vezes mais do que vós" (Mt 23:15).

Em nenhum momento do Novo Testamento encontramos Jesus ou seus apóstolos praticando proselitismo. Eles pregavam a verdade que acreditavam e que haviam experimentado, contudo sem ofender a fé dos diferentes.

Muitos são os que vão considerar como mitologia o relato que apresentamos. Até mesmo os cristãos, ainda que diante de tantas evidências e citações das Escrituras, não vão abrir mão de continuarem no lugar comum de suas convicções religiosas tradicionais. Outros vão rir debochando do que virão a chamar de mitologia ou ficção bíblica.

Consideramos isso como aceitável. A crítica é vitamina para o método de aprendizagem e legítima no processo de evolução do conhecimento humano.

Verdades muito profundas são lugares ocultos a pessoas rasas.

Analisando os relatos da Bíblia Judaica constatamos que historiadores, filósofos e teólogos sempre estão dispostos a manifestarem suas opiniões acerca dos assuntos tangentes aos seis dias da criação, conforme exposto em Genesis capítulo 1.

Mesmo após muitos anos de discussão e depois de tantas teorias e explicações, nunca se chegou a uma unanimidade de opiniões!

Alguns afirmam que os dias de Genesis são dias literais de 24 horas, outros que se trata de eras, e ainda outros afirmam que os seis dias não falam da Criação, mas da recriação da terra, que na visão do escritor cristão George Hawkins Pember foi destruída por uma catástrofe, que está 'descrita de forma oculta' nas entrelinhas do segundo versículo das Escrituras.

A acidez da filosofia de Voltaire nos vem à lembrança para justificar nosso esforço em prosseguir com a busca pelas respostas: "Uma discussão prolongada significa que ambas as partes estão erradas".

Voltaire não nos quer desanimar. Pelo contrário! O filósofo quer que continuemos perseguindo a verdade.

A continuidade dessa discussão é sinal de que ainda temos muito trabalho a realizar. Um trabalho inacabado dá sentido à existência, motiva a caminhada, confere razão de ser à realidade humana e torna a vida carregada de significado.

Nesse ensaio, vamos nos enveredar por outra via!

Nesse novo caminho não seguimos as pisadas dos mestres. Apenas continuamos a procurar o que eles procuravam.

Estamos pavimentando uma nova estrada, por onde novos estudiosos poderão trilhar deixando suas próprias marcas. Esperamos que os futuros desbravadores sejam mais eficazes do que nós mesmos. Esperamos que logrem sucesso no árduo trabalho de desgastar o tecido da realidade. Oxalá que mostrem à humanidade o que existe por detrás do véu.

"As convicções são inimigas mais perigosas da verdade do que as mentiras" (Friedrich Nietzsche). Temos a certeza de que estamos no caminho certo, mas ainda não chegamos na claridade da resposta definitiva. Com trabalho e com ajuda, poderemos chegar cada vez mais perto! "A instrução é um esforço admirável. Mas as coisas mais importantes da vida não se aprendem, encontram-se" (Oscar Wilde). Se caminharmos na mesma direção, dando um passo de cada vez, um dia certamente chegaremos.

Equilibrar o peso do que a Bíblia diz sobre os seis dias da criação, com o peso das afirmações das teorias e postulados científicos é uma tarefa difícil de realizar!

Aparentemente, a ciência e a religião estão brigando pela posição de ser a dona da razão! Parece que estão tratando conceitos teológicos e científicos a partir de abordagens completamente diferentes. Todavia, por mais diferentes que essas abordagens se pareçam, sempre é possível encontrar o ponto de equilíbrio. Afinal, uma verdade pode ser dita de várias maneiras diferentes sem contudo perder a sua essência. Como está escrito nos Vedas: "a verdade é uma só, mas os sábios falam dela sob muitos nomes".

A cultura do mundo pode ser analisada a partir de três abordagens: a abordagem histórica, a abordagem mítica e a abordagem mística. Embora essas três camadas hermenêuticas analisem os fatos por metodologias diferentes, o saldo deverá ser positivo para a evolução do conhecimento humano.

Individualmente cada uma das abordagens pode ser entendida como uma peça desse quebra cabeça e se faltar uma única peça jamais chegaremos ao quadro perfeito, por isso cabe a subordinação de admitir que a resposta final não é faculdade inexorável da ciência ou da religião.

Cabe ao exegeta usar corretamente cada uma das abordagens e finalmente unir todas elas, formando uma bela colcha a partir dos retalhos recortados da história, da ciência, da mitologia, do misticismo, da religião, mas principalmente do sol que ilumina a superfície do lago das águas primordiais. Fazendo isso, poderemos conciliar as discussões entre ciência e religião.

Usando palavras, definições e nomenclaturas diferentes, afirmamos que a ciência reescreve as Escrituras, e pela mesma premissa podemos afirmar que a teologia insere variáreis na equação da Teoria do Tudo.

"Meus amigos, uma falsa ciência gera ateus, mas a verdadeira ciência leva os homens a se curvarem diante da divindade" (Voltaire).

DEPOIS DE MUITA BRIGA, O CASAMENTO ACABOU!

A teologia não deveria ter se afastado das descobertas científicas, e a ciência nunca deveria ter virado as costas para a teologia, até mesmo porque os motivos do afastamento foram mais econômicos, políticos e ideológicos do que propriamente fundamentados em afirmações de ambas as partes. O divórcio entre a religião e a ciência não foi motivado por brigas intelectuais. O rompimento do casamento aconteceu quando surgiu na sociedade uma nova ordem de pensamento.

Quando o capitalismo se estabeleceu como nova definição de ordem social, o casamento da ciência com a religião se tornou insustentável. Afinal, o novo homem, moderno e capitalista precisava de liberdade para lucrar, precisava de liberdade para comprar e vender, liberdade para criar novas leis que beneficiassem o crescimento financeiro.

No novo paradigma de sociedade, as questões de natureza ética e moral atrapalhavam o sucesso dos negócios. A solução mais eficiente seria destronar a religião e reinventar a explicação para os fenômenos naturais.

Antes da ascensão da burguesia ao poder, a religião era a principal influência das convenções sociais. A partir dela, a sociedade passou a ser orientada pela ciência e pela razão.

Afundados na profundidade do Lago passaram explicar a realidade sem a interferência dos lampejos de luz espiritual mística.

O Evangelho de Jesus sempre atrapalhou o sucesso dos negócios, isso porque a fé transfere para Deus a explicação dos fenômenos. Pelo menos, deveria ser assim!

Mas também não era!

A igreja do mundo não se comportava como igreja de Deus.

Diante de uma nova ordem cultural e científica, o deus da igreja não era suficientemente interessante para o homem. Pelo contrário, esse deus tinha se tornado capitalista antes do homem, e explorava o homem antes do homem explorar o seu semelhante. Um deus de mentira, feito à imagem e semelhança de seus criadores.

O homem estava cansado de uma igreja que era apenas a expressão grotesca de si mesmo e do objetivo de seus líderes. Não havia nada de Deus na igreja; havia apenas intenção de ganhar mais dinheiro para sustentar seus líderes de luxo e preguiça.

Cansado de uma religião sem Deus, a partir do século vinte o homem quer ganhar dinheiro enquanto exclui Deus de suas equações existenciais. O divórcio foi inadiável. Hoje ambos tentam uma reconciliação, e esse livro é uma carta de pedido de perdão escrita para ambos os lados.

Um dia certamente se reencontrarão; isso é inevitável, afinal os dois falam da mesma coisa.

Essa história de desentendimento é bem antiga! O casal já estava brigando a mais de mil anos!

É uma história bem mais antiga que o evento de virada de mesa com advento do Capitalismo. Tudo começou quando a Igreja resolveu enjaular a liberdade do pensamento humano.

Durante centenas de anos a igreja perseguiu cientistas, alquimistas e pessoas dotadas de pensamento livre.

Nesse tempo de 'trevas culturais', toda vez que a igreja se deparava com uma descoberta científica que tinha o poder 'subversivo' de 'contaminar' a fé dos seus 'lucrativos' fiéis, a atitude do clero sempre era a de perseguir, torturar, prender e até mesmo eliminar o propagador das heresias.

A humanidade viveu uma inquisição em nome da proteção 'da honra de Deus'. Mas, o que os perseguidores queriam não tinha nada de Deus. Eles queriam apenas perpetuar o controle sobre os amedrontados religiosos que nunca diziam não à 'boca do gazofilácio'.

A história se repete mas o interesse do homem permanece o mesmo. Em um momento da história a igreja perseguiu os cientistas e naquele momento eram motivados por uma razão financeira.

Em outro momento da história a comunidade cientifica passou a ignorar os postulados da fé.

Todos os grupos eram motivados pelo mesmo falso deus. Pastores e padres lutando contra biólogos e astrofísicos, e todos curvados diante de Mamon.

Na Idade Média o Cristianismo era a religião dominante do mundo europeu, mas a cosmologia aceita pela igreja não era bíblica.

Naquele tempo o Papado impôs como conceito dominante o geocentrismo de Ptolomeu e Aristóteles, que definia uma ciência na contramão dos escritos de Moisés. Contrário aos relatos do Genesis, e naturalmente em função da origem romana da Igreja, a astronomia grega foi adotada como correta.

A cosmogonia da grécia clássica era a evolução de cosmogonias mais antigas, e levava em conta inclusive as noções da gênese bíblica. As tradições antigas estão entrelaçadas e a própria cosmogonia do Genesis levava em conta elementos que já existiam em conceitos egípcios e babilônios, que eram mais antigos que os conceitos que Moisés deixou no Pentateuco.

É certo que Moisés e os escribas que vieram depois dele conheciam o panteão dos escritos egípcios e babilônios. Com certeza eles perceberam que se os conceitos politeístas fossem substituídos pela figura central de Um Único Deus Invisível, não haveria muita diferença entre a cosmogonia judaica das demais cosmogonias do mundo.

Quando Deus entregou a revelação da Torá a Moisés, o mundo estava permeado de conhecimento sobre a forma como os deuses haviam criado o mundo.

Moisés ao escrever a Torá, inevitavelmente percebeu que as outras religiões de seu tempo possuíam 'pedaços' da verdade e que de forma distorcida todos os povos anteriores aos seus escritos acreditavam em algo muito parecido com aquilo que ele estava escrevendo.

COSMOGONIA BABILÔNICA

O Enûma Eliš é o relato da criação conforme acreditavam os povos da Babilônia.

Quando a tradição oral daquele povo foi reunida na forma de sete tábuas de argila, ela traduzia apenas a essência daquilo que eles acreditavam.

A maioria dos estudiosos datam o Enuma Elish para o ano de 1.110 a.C., mas todos concordam que a fé babilônica é mais antiga que o próprio povo babilônio.

Os babilônios são descendentes de uma das raças mais antigas desse planeta, o povo Sumério. Entre outras coisas, os babilônios herdaram principalmente a cultura e a religião da Suméria.

De forma muito parecida com o surgimento do povo de Israel, o povo babilônico também surgiu a partir de sua fé. É impossível estudar a história desses povos sem que de antemão se conheça a religião deles.

A Babilônia é muito mais antiga que Israel, tanto que o Pai da nação israelita, Abraão, quando foi chamado por Deus, era um morador de Ur, uma cidade-estado que ficava na antiga Suméria e que posteriormente passou a pertencer à Babilônia.

O nome 'Babilônia' provém da língua acadiana e significa 'Porta dos Deuses', demonstrando o caráter politeísta de suas crenças, fortalecendo a constatação de que a fé era a marca mais importante daquele povo.

Ao estudar a crença dos babilônios, rapidamente detectamos pontos em comum com os relatos do Gênesis bíblico. À primeira vista essas semelhanças nos parecem espantosas, e por causa delas durante muito tempo persistiu uma discussão no meio acadêmico para eleger quem veio primeiro, se a descrição do Gênesis ou o relato do Enuma Elish.

Embora o texto da Torá tenha sido escrito primeiro (aprox. 1.500 aC) que o Enuma Elish (aprox. 1.100 aC), a tradição oral dos Babilônios, herdada do povo Sumério é tão antiga quanto a tradição oral dos descendentes de Seth, filho de Adão.

Alguns estudiosos afirmam que ao escrever a Torá, o texto de Moisés foi influenciado pela tradição oral dos babilônios, alegando que, sendo Moisés príncipe do Egito, ele teve acesso às melhores escolas egípcias e estudou todas as tradições religiosas do mundo.

Não cremos que a tradição oral da babilônia tenha exercido influência direta sobre o trabalho de Moisés quando ele escreveu a Torá. Acreditamos sim, que Moisés reconheceu os traços de similaridade entre as duas tradições, afinal, o Príncipe do Egito era extremamente culto e versado em ciência da religião.

Naturalmente, conforme o relato das Escrituras, entendemos que no Monte Sinai, o próprio Deus ditou a versão correta a Moisés. Imediatamente ele notou semelhanças com as cosmogonias existentes, mas naquele momento de sua vida, em função de suas dolorosas experiências pessoais, que o amadureceram sobremaneira, Moisés estava pronto para se calar e escrever, enquanto ouvia a versão diretamente da boca do Criador.

Ainda mais antigo que o texto escrito da Torá, existia uma tradição oral que perpetuava as histórias da criação. Essa tradição foi iniciada com o primeiro homem que contou a seu filho, que por sua vez contou ao neto. Dessa forma o relato se perpetuou sofrendo alterações em função da vaidade dos reinos humanos.

Cada um foi acrescentando dados e novos relatos às histórias com a finalidade de asseverar o poderio de seu respectivo governante. Afinal era muito comum aos povos antigos misturar a vida de seus imperadores às histórias dos deuses, criando uma mitologia que endeusava dinastias, reis, imperadores, faraós e heróis de guerra.

A semelhança do Enuma Elish com o relato do Gênesis pode ser entendido a partir do estudo da aurora das civilizações. A Suméria é tão antiga quanto a Torre de Babel e sua cultura se formou junto com o surgimento dos primeiros homens. O povo Sumério e o povo judeu vieram da mesma raiz. Todos eram descendentes de Adão e certamente beberam da mesma fonte das tradições que eram passadas de pai para filho.

Acontece que os descentes de Adão seguiram por caminhos diferentes. A genealogia de Adão mostra que Caim (Gn 4.16), seguiu pelo caminho da desobediência, enquanto Seth continuou junto com seu Pai. As escolhas desses homens fizeram com que eles se afastassem geograficamente uns dos outros. Caim se estabeleceu na terra de Node, que naquele tempo já era habitada e estava em pleno desenvolvimento.

Na terra de Node, Caim construiu sua própria cidade e a chamou de Enoque, conforme o nome do seu filho (Gn 4.17).

Todos esses homens, os bons e os maus, ouviram de seus ancestrais as histórias que contavam como o Criador havia formado todas as coisas. Essas histórias se popularizaram e com o passar do tempo foram sendo distorcidas ao bel prazer de seus soberanos.

GUERRA DE SEMENTES

"E porei inimizade entre ti e a mulher, e entre a tua semente e a sua semente; esta te ferirá a cabeça, e tu lhe ferirás o calcanhar" (Gn 3:15). Da boca do próprio Deus partiu a proclamação do início da guerra. Era o próprio Criador quem ordenava o conflito: "e porei...".

Para muito além de nossas preferências teológicas e dogmáticas, o que vamos relatar é a visão do Gênesis bíblico que conta a história a partir da intimidade do Criador.

A mulher iria ter uma descendência e por sua vez a Serpente também teria sua descendência. A guerra de sementes é o nome do conflito que nunca acabou. Os descendentes da serpente lutariam contra os descendentes da mulher até eliminá-los por completo.

O verdadeiro relato da criação foi distorcido em função do estabelecimento dos reinos mais primitivos desse planeta. Do lado Sumério, a distorção era o esperado, afinal aquele povo não era descendente da raça adâmica pura. Eles foram os primeiros pregadores da Religião da Serpente e se tornaram o exército físico das legiões das trevas, do mundo espiritual.

Enquanto a geração da serpente evoluía e construíam cidades, a geração de Seth permanecia afastada da evolução, habitando regiões modestas e bem longe das metrópoles.

Buscando a proteção que existe nas distâncias geográficas, os descendentes de Seth não construíram povoações urbanas, optando por viverem longe do movimento das grandes cidades-estado da época.

O capítulo 6 de Gênesis nos apresenta um bom motivo para que os filhos da descendência de Seth vivessem ocultos da civilização: a terra estava habitada por gigantes e seres valentes, que perseguiam a raça pura de Adão.

No calor da aguerrida peleja, os descendentes da mulher estavam em desvantagem. A semente da mulher era ferozmente perseguida pela semente da serpente, que buscava a destruição do povo eleito de Deus (Gn 3.15).

As inscrições e desenhos sumérios encontrados em tábuas de argila e paredes de seus templos e zigurates são provas arqueológicas que confirmam a existência de seres com formas e tamanhos incríveis, verdadeiros gigantes que andaram pela terra.

O dilúvio, no tempo de Noé foi um cataclismo que buscava eliminação da numerosa população da descendência da serpente. A serpente, usando o exército físico de sua geração, sempre buscou eliminação do povo que trazia sobre os lombos a semente do Messias.

Conforme mencionado pelo próprio Deus, no apogeu dos tempos o Messias destruiria definitivamente a serpente, a sua descendência e limparia todo mal da face do planeta. Motivado por isso, Lúcifer, usando o codinome de deuses de aparências esquisitas, usava seus súditos terrenos para perseguir, atacar e eliminar o povo que iria trazer o Messias a esse mundo.

Do lado da descendência de Seth, vez por outra, ao longo de sua história, levantava-se uma personalidade de fé para manter acesa a divina chama. Enos (Gn 4.26) foi um desses homens, Enoque (Gn 5.24) foi outro. Mais adiante temos Noé, através do qual o mundo passou por uma drástica transformação.

O dilúvio não tinha caráter definitivo.

Ele era uma intervenção de Deus que objetivava salvar da morte iminente a família de Noé, que naquele momento da história era a única família sobrevivente dos descendentes de Seth.

Dentre outras finalidades, o dilúvio foi uma forma usada por Deus para vencer a guerra por Noé.

Em função do dilúvio não ter um caráter definitivo, esses gigantes reaparecem, sendo mencionados novamente na história, nos dias de Moisés (Nm 13.33; Dt 9.2), e até nos dias de Davi (2 Sm 21.22).

Do lado da ordem messiânica existiram homens piedosos que atuaram como verdadeiros oráculos. Eles mantiveram acesa a divina chama e velaram pela pureza dos relatos mais primitivos, ouvidos diretamente da boca de Adão, que viveu o contato direto com Deus, do lado de fora e posteriormente, do lado de dentro do Jardim do Éden.

Não há nada de espantoso quando os relatos da Torá se tornam parecidos com o relato do Enuma Elish, afinal, ambos são o mesmo relato.

Os dois relatos são a mesma história, com uma sutil diferença que muda absolutamente tudo! A Torá é o relato da Religião de Deus, ditado pela boca de Deus; o Enuma Elish é o relato da Religião da Serpente, escrito segundo a vaidade de seus protagonistas.

Como perito em enganação e fazendo o que faz de melhor, o Diabo falsificou o relato da criação adaptando a verdadeira história do Gênesis. O serviço era fazer com que o Enuma Elish ficasse o mais parecido possível com o relato de Deus no Gênesis.

Estudar o relato babilônio é importante no sentido de nos mostrar que até os mais antigos relatos, ao citarem a criação, concordam com os principais elementos primordiais. Isso nos mostra que as descobertas arqueológicas estão em sintonia com as reflexões que apresentamos nesse livro. Todos os relatos mais antigos citam os mesmos eventos essenciais e todos concordam que a matéria prima elementar usada para formar o universo, em todas as principais cosmogonias foi sempre a mesma.

Em todas as Cosmogonias a 'Água' desempenha sempre o mesmo papel essencial. É sempre a água a base e a fonte 'geradora' de toda existência material.

É na água que tudo começa. E essa não é a constatação isolada das cosmogonias.

A ciência moderna também afirma que o Universo começou como

um líquido; uma sopa de quark-glúons a partir de onde tudo veio à existência.

ENUMA ELISH E GÊNESIS

Usando o mesmo critério para dar nome ao Gênesis bíblico, o nome Enuma Elish foi retirado das primeiras palavras daquele poema e significa 'Quando no alto'. O nome do Gênesis é Bereshit e significa: 'No princípio', que são as primeiras palavras do livro bíblico.

Para a cultura babilônica, o Enuma Elish explica que a realeza humana tem a sua origem na realeza divina. Segundo o relato, a divindade continuará sendo o verdadeiro e legítimo rei de toda a criação e também o paradigma do reinado dos terrestres. Nesse sentido, a existência de um paradigma divino impõe sentido à existência da realeza humana.

O sentido que o Enuma Elish dá para a vida humana é muito parecido com o sentido que YHWH deu para a consciência de seu povo.

Na Religião de Deus o homem é o Rei do Mundo, todavia ele existe para louvor e glória Daquele que o criou.

A beleza do relato babilônico dura muito pouco.

No Gênesis, o homem foi criado a partir de uma mistura de terra e água para ser amigo de Deus e governar sobre a criação. No Enuma Elish, o homem é criado a partir do derramamento de sangue de um deus, para ser escravos dos deuses.

No Enuma Elish a criação é realizada em meio a tramas de ódio, vingança e assassinato. Em meio às épicas batalhas, os deuses mostram suas fragilidades e se tornam sujeitos à matéria e mais fracos que a própria natureza criada.

A imposição dos poderes desses deuses se faz através de encantamentos mágicos, usando a própria energia da natureza. Esse relato nada mais é que a falsa versão de Lúcifer da guerra na qual ele foi vencido no Céu dos Céus. A Serpente quer conferir legitimidade às suas ações e faz isso criando uma religião em volta de si.

No Gênesis, a natureza é uma súdita obediente ao Criador e tudo vem à existência pelo comando da voz de Deus. A criação é executada em meio a uma profunda sensação de equilíbrio, tranquilidade e paz. Segundo o relato do Gênesis, Deus trouxe tudo à existência através de sua Palavra, o Logus, que se resume em comandos simples: "E disse Deus ..." "E assim se fez ...".

Enquanto os deuses babilônicos são atributos da própria natureza, o Deus do Gênesis é o Criador Supremo.

Diante do Deus verdadeiro a natureza se curva, sendo sob Ele, autônoma no seu funcionamento.

O Gênesis é um perfeito épico da criação enquanto o outro tem a finalidade de ser uma propaganda mitológica com o objetivo de inserir o deus Marduk como o maioral do panteão babilônio. Além do objetivo religioso, o Enuma Elish objetivava exaltar a grandeza da cidade de Babilônia e assim eternizar o poder e influência de seus maiores governantes, o Rei Hamurabi e o Rei Nabucodonosor.

A vaidade, tão peculiar nos atos de Lúcifer é a marca fundamental da conduta de seus soberanos terrenos.

O relato babilônico consiste na apresentação da superioridade de Marduk, Deus protetor da cidade da Babilônia.

Marduk impera sobre todos os demais deuses da antiga Mesopotâmia, mas sua imposição de poder é mais especificamente direcionada à deusa Tiamat, que segundo o poema é a Deusa do mar e, consequentemente, do caos e da ameaça. Marduk representa a luz e a ordem, enquanto Tiamat representa o caos e a escuridão.

A vitória de Marduk é a vitória da luz e da ordem. O panteísmo babilônico introduz a ideia do divino masculino e do divino feminino, relatando a constante guerra entre os dois.

É a representação da dualidade: dia versus noite, luz versus trevas, ordem versus desordem, caos versus criação, homem versus mulher.

O Gênesis descreve seis dias de criação, seguido de um dia de descanso; o Enuma Elish descreve a criação de seis deuses e um dia de descanso.

Tanto o Gênesis quanto o Enuma Elish obedecem a uma mesma ordem cronológica da criação, começando pela Luz e terminando com o Homem.

Através da leitura das sete tábuas do Enuma Elish percebemos rapidamente que a deusa Tiamat é perfeitamente comparável ao oceano primordial do Gênesis. Tiamat são as águas primordiais de onde tudo surgiu, e o mais curioso é que a palavra hebraica traduzida para oceano tem a mesma raiz etimológica da palavra Tiamat, mostrando influências linguísticas do Hebraico sobre o Sumério e vice versa.

COSMOGONIA GREGA

A fantástica luta dos deuses babilônicos nos remete aos elementos que são similares na cosmogonia grega. Entenda que a essência das histórias sempre se repete, revelando que todos beberam da mesma fonte.

Assim como os homens, a religião dos homens tem origem em um lugar comum.

Os mitos vão se repetir trocando o cenário, o figurino, o nome dos personagens e até mesmo o relato das histórias, todavia o sentido sempre é o mesmo pendendo elogios ao bem ou ao mal.

O que hoje tomamos por mito, dentro de algum limite ainda não demarcado pela história, um dia foi fato.

Pelo peso das pegadas, podemos constatar que alguém passou por aquele lugar. Uma pegada profunda carimbada na superfície de uma rocha encontrada por um arqueólogo, nos leva a concluir que aquela marca não se formou espontaneamente. Sabemos pelo tamanho da pegada que o ser que passou por ali possui peso de realidade suficiente para registar na tela do tempo a sua existência real naquele momento da história.

Figuras fantásticas, gigantes, monstros incríveis e civilizações de alta tecnologia realmente existiram, caso contrário não haveriam tantas pegadas carimbadas no tecido do tempo.

Os gregos, postulado que são os pais da filosofia ocidental, se tornaram peritos na arte de produzir conhecimento. Dado ao colossal catálogo de produção erudita, eles elaboraram uma linguagem própria, através da criação de novas palavras que exprimissem o sentido mais depurado do que se queria dizer.

Por isso há no idioma grego múltiplas palavras para designar o sentido e a razão do conhecimento. São vocábulos de caráter específicos que atuam como uma sintonia fina, depurando o significado.

É natural que as histórias do panteão se alinhem com as ciências da Grécia clássica.

Os deuses significavam e geravam significado em todas as direções da produção acadêmica. E a produção do conhecimento passava pelo panteão que de forma sinérgica, por sua vez, passava pela filosofia.

O conhecimento entendido como filho da crença ou opinião pessoal era denominado de 'doxa', de onde surgem as palavras: 'doxologia', 'ortodoxo', 'heterodoxo', 'paradoxo', entre outras. O conhecimento entendido como resultado do aperfeiçoamento do trabalho físicointelectual era denominado 'techné'. Enquanto 'techné' é o aperfeiçoamento das artes e ofícios manifestos no mundo visível, 'epistéme' era uma definição vinculada ao mundo das ideias, pois buscava as causas e explicação imaterial dos efeitos visíveis na natureza.

Ainda uma última palavra era usada para definir um conhecimento que laborava para além da mente humana, um estado de consciência que dá à experiência a sutil propriedade de reconhecer a verdade através da viagem ao interior do interior, estabelecendo relação com o âmago do ser.

Esse tipo de conhecimento foi chamado pelos gregos de 'gnosis', e sem alteração cultural, o tempo preservou essa definição.

'Gnosis' é a sabedoria gerada pela iluminação do espírito, lugar onde acontece os fenômenos de relacionamento com o divino e as inspirações do mundo das ideias.

Na senda da 'Gnosis' deve-se dar o primeiro passo, que é a busca pela santidade, no sentido de se separar ou se afastar dos prazeres que prendem o homem à matéria. É a radical mudança da ênfase da vida mundana para o aperfeiçoamento do mundo interior, do cosmos exterior para o microcosmo.

É a fuga consciente das correntes que te prendem ao mundo devastado, para o reino da paz, lugar interior que os cabalistas chamam de 'ponto no coração' e os cristãos chamam de "a paz que excede todo entendimento" (Fl 4.7).

O homem capitalista e pós-moderno, supostamente culto e arrogante em sua definição de si mesmo certamente percebe os deuses gregos e suas histórias, apenas como matéria prima de roteiro de filmes ou de enredo dos quadrinhos da Marvel ou da DC Comics. Lotam cinemas a procura de mirabolantes cenas de ação, sem constatar no roteiro, nenhum conhecimento transcendente a ser absorvido. Se bem que, quem entende a filosofia aplicada nos filmes e absorve a essência dos gibis o faz porque em certo nível de inteligência conhece e aprecia a aventura fabulosa dos soberanos do panteão.

"Tenha em mente que tudo que você aprende na escola é trabalho de muitas gerações. Tudo isso é posto em sua mão como sua herança, para que você a receba, honre, acrescente a ela e, um dia, fielmente, deposite-a nas mãos de seus filhos" (Albert Einstein).

Passemos à forma como os gregos descrevem a criação, a partir da dança sangrenta dos deuses.

Para os gregos, no início tudo estava imerso na escuridão e nada existia; havia apenas o Caos. Segundo Hesíodo, no princípio surgiu o

Vazio e do Caos nasceram Gaia, Tártaro (o abismo), Eros (o amor), Érebo (as trevas) e Nix (a noite).

Note que todos os elementos contidos na criação segundo o relato de Gênesis capítulo 1 estão também presentes no relato grego. E não somente nos relatos da cultura clássica; cosmogonias do oriente também revelam similaridades com os elementos fundamentais do surgimento do universo.

O caos inicial se organizou na linha do tempo, revelando assim os primeiros deuses e deusas.

Gaia criou o Mundo. A Mãe-Terra teve um filho, a quem chamou de Urano, que era o céu. Urano se uniu à sua mãe, gerando doze filhos, com formas humanas, mas gigantes em estatura.

Foram seis titãs e seis titânides.

A descrição desses titãs nos faz lembrar o Gênesis: "Havia naqueles dias gigantes na terra; e também depois, quando os filhos de Deus entraram às filhas dos homens e delas geraram filhos; estes eram os valentes que houve na antiguidade, os homens de fama" (Gn 6:4).

Enquanto os filhos dos deuses se uniam a seus pares gerando os valentes do passado, a natureza continuava sua lenta evolução. Com a chuva nasceram as plantas e os animais. Não somente o reino animal e vegetal se desenvolveu; das águas primordiais surgiram diversos monstros e seres fabulosos, de todos os tamanhos e formas.

Na cosmogonia grega, as águas de Gaia estão no centro da criação, produzindo vida animal e vegetal, muito similar à forma como é pontuado pela Bíblia.

Conforme relatado pela Torá, a produção de vida marinha é uma ordem de serviço delegada por Deus às águas do grande oceano (Gn 1.20,21).

Entre os seres fantásticos produzidos pelas águas, havia três gigantes imortais com um só olho no meio da testa. Os Ciclopes: Arges, Brontes e Estéropes, ao nascerem foram trancados no submundo.

Por causa dos enormes poderes dos Ciclopes, Urano, senhor dos céus, contrariando a vontade de Gaia, foi muito mal para eles. A Mãe-Terra não gostou disso e produziu no seu íntimo um profundo rancor pela atitude de Urano.

Cronos é o mais jovem dos titãs, filho de Urano, com Gaia, a Mãe-Terra. Muito tempo depois, motivado pela ambição, o jovem titã derrotou o próprio pai se tornando o maioral entre os deuses. Para essa façanha, Cronos contou com ajuda de sua mãe.

A Mãe-Terra amava os Ciclopes e por isso nunca perdoou a Urano pelo que ele fez a eles. Motivada por vingança, Gaia encorajou os Titãs, liderados por Cronos a se revoltarem contra o Pai. Houve uma sangrenta batalha onde os Titãs foram os vencedores.

No calor da batalha caíram três gotas do sangue de Urano sobre a terra. O sangue de Urano em contato com Gaia trouxe vida às Eríneas, que eram espíritos de vingança, com cabeça de cão e asas de morcego. Esses espíritos perseguiam assassinos, principalmente aqueles que matavam os próprios familiares.

O sangue de Urano também caiu no mar e assim nasceu Afrodite, que segundo a mitologia é a deusa do amor, da beleza e da sexualidade. Na versão contada por Hesíodo, Cronos cortou os órgãos genitais de seu pai e arremessou-os no mar. Da espuma formada no mar, Afrodite se ergueu sobre as águas. Saiu do caos para a claridade da luz.

Cronos se tornou o rei dos titãs e o grande deus do tempo, sobretudo quando o tempo é visto regendo os destinos de forma inexpugnável.

Cronos é sempre reconhecido por seu aspecto destrutivo, pois o tempo a tudo devora, levando a vida, os sonhos e as esperanças de todos.

O senhor do tempo se casou com sua irmã Rhea e dessa união lhes nasceram seis filhos. Cronos, sendo avisado por um oráculo de que um de seus filhos o mataria, resolveu agir 'preventivamente' matando a todos os seus filhos assim que nasciam.

De maneira muito peculiar, Chronos engolia seus filhos assim que saíam para o mundo. Com o intuito de salvar o seu sexto filho, Rhea ludibriou Cronos, dando a ele uma pedra enrolada em roupa de bebê.

A criança sobrevivente era Zeus.

ZEUS, LÚCIFER E ADÃO

Zeus foi o sexto filho de seus pais; um paralelo torto com o Adão bíblico, que foi formado do barro, no sexto dia da criação.

O chamado Deus do Trovão foi criado na terra, longe do Olimpo, assim como o Adão bíblico, criado fora do jardim, longe do Éden.

Nesse sentido, o Olimpo é o paralelo grego do Jardim do Éden.

Em similitude com a história de Adão, que após passar um tempo fora do jardim, foi levado por Deus ao Éden, também Zeus, quando em estado de consciência 'adulta' regressou ao céu para sua vitória e posterior estabelecimento como soberano do Olimpo.

O relato grego conta que após muitos anos, tornando-se 'homem feito', Zeus regressou disfarçado e colocou uma poção mágica na bebida de Cronos, o levando à morte.

Ao traçarmos um paralelo entre a Bíblia e o relato grego percebemos que a figura de Adão é misturada à figura de Lúcifer para formar o conceito da personalidade do mito de Zeus; que Zeus é o resultado da combinação das histórias de criação e evolução desses dois personagens.

No afã de se livrar do veneno dado por Zeus, Cronos cuspiu com vida as crianças que haviam sido engolidas. Eram as deusas: Héstia, Demeter e Hera e os irmãos Hades e Poseidon.

A história de Zeus é o relato às avessas da própria história de Lúcifer temperada com a história do primeiro homem.

Após a morte de Cronos, Zeus libertou os Ciclopes. Esses, em forma de agradecimento criaram para Zeus e seus irmãos, algumas armas de poder ilimitado: Relâmpagos e Raios para Zeus arremessar, um Tridente para Poseidon governar os mares e produzir terríveis tempestades, e finalmente o Elmo do Terror, um capacete mágico que conferia a Hades o poder de ficar invisível.

Por não aceitarem o governo de Zeus, a maior parte dos Titãs e dos Gigantes se posicionaram do lado do falecido Cronos. Houve terrível batalha onde os deuses mais novos saíram vitoriosos sobre os deuses antigos.

Os Titãs foram banidos e castigados, sendo que um deles, chamado Atlas, foi condenado a segurar eternamente os Céus sobre as costas.

Após a vitória sobre os Titãs, Zeus se tornou o absoluto senhor dos céus e governante supremo de todos os deuses.

A Poseidon foi conferido o governo dos Oceanos enquanto Hades passou a governar o Submundo.

DEUS E ZEUS

Nos tempos de Cristo, a filosofia grega era o conceito de cosmogonia mais aceito nas rodas de discussão teológica e a língua dos helenos era o idioma mais falado.

O Evangelho foi semeado em um tempo em que os conceitos culturais eram helenizados, por isso, principalmente o Apóstolo Paulo, ao ensinar a mensagem do Evangelho tinha todo o cuidado de fundamentar a exposição a partir da conceituação grega, levando o ouvinte a compreender e aceitar a pregação do Cristo crucificado.

Jesus Cristo não deixou passar em branco a afronta que a teogonia grega representava ao Deus de Israel. Usando sua posição de Filho do Deus Altíssimo, Jesus deu o troco, desbancando os maiorais do panteão.

YHWH é o verdadeiro Deus do Trovão, pois assim a Bíblia o identifica. "Deus veio de Temã, e do monte de Parã o Santo. A sua glória cobriu os céus, e a terra encheu-se do seu louvor. E o resplendor se fez como a luz, raios brilhantes saíam da sua mão, e ali estava o esconderijo da sua força" (Hb 3.3,4). "As nuvens lançaram água, os céus deram um som; as tuas flechas correram duma para outra parte. A voz do teu trovão estava no céu; os relâmpagos iluminaram o mundo; a terra se abalou e tremeu" (Sl 77:17,18).

O deus do trovão da Grécia foi desafiado, quando a voz do Deus do Trovão de Israel estrondeou o céu, balançando os pilares da abóboda ao identificar o seu Filho Primogênito.

A mesma voz que no Gênesis disse "Haja", por duas vezes fez calar a voz do Zeus grego, que nada disse, emudecido diante do poder do Deus Soberano.

"E, sendo Jesus batizado, saiu logo da água, e eis que se lhe abriram os céus, e viu o Espírito de Deus descendo como pomba e vindo sobre ele. E eis que uma voz dos céus dizia: Este é o meu Filho amado, em quem me comprazo" (Mt 3:16,17).

Zeus, conhecido como a 'Águia do Olimpo' foi afrontado pela singela Pomba do Espírito.

"E, estando ele ainda a falar, eis que uma nuvem luminosa os cobriu. E da nuvem saiu uma voz que dizia: Este é o meu amado Filho, em quem me comprazo; escutai-o. E os discípulos, ouvindo isto, caíram sobre os seus rostos, e tiveram grande medo" (Mt 17:5,6).

Diante do Filho de Deus, o panteão grego se curvou calado.

Os irmãos de Zeus também levaram o troco da afronta.

Poseidon, o deus dos mares foi obrigado a suportar o peso do Filho de Deus que caminhou sobre suas águas, e como se não bastasse, Jesus também acalmou a tempestade que culturalmente estava sob sua jurisdição.

Em outra ocasião, demonstrando que não era somente o Deus da superfície das águas, Jesus ordenou que um peixe mordesse o anzol certo, usando o dinheiro de Poseidon para pagar o imposto por ele e por seu discípulo.

Por fim, com a intenção de decretar definitivamente seu controle sobre os oceanos, que os gregos pensavam ser de Poseidon, Jesus ordenou que os peixes enchessem as redes dos pescadores, segundo a sua palavra.

Hoje lemos despretensiosamente sobre os milagres que Jesus realizou tendo os oceanos com pano de fundo. Todavia para os gregos, essas mesmas histórias ecoavam como uma afronta aos seus deuses, e mais, demonstrava que o Galileu era superior aos deuses do Olimpo.

Hades também não ficou de fora da humilhação.

Segundo a narrativa grega, Hades tinha o poder da invisibilidade, mas o que parece é que ele usava esse 'poder' o tempo todo, afinal, ninguém nunca o viu no mundo real. Todavia, o Filho de Deus, para desbancar Hades, mesmo sem o elmo do terror, usou seu poder para ficar invisível por duas vezes. "E, levantando-se, o expulsaram da cidade, e o levaram até ao cume do monte em que a cidade deles estava edificada, para dali o precipitarem. Ele, porém, passando pelo meio deles, retirou-se" (Lc 4:29,30). "Então pegaram em pedras para lhe atirarem; mas Jesus ocultou-se, e saiu do templo, passando pelo meio deles, e assim se retirou" (Jo 8.59).

A palavra grega, que no Novo Testamento é usada para inferno é "Hades". Hades também é a palavra usada para significar o nome do lugar denominado por 'mansão dos mortos'.

Para demonstrar sua completa e irrestrita superioridade ao panteão grego, Jesus fez assim: como Hades passou 'invisível' pela história, o Mestre foi afrontá-lo em sua própria casa, assim talvez, por lá ele estivesse sem o elmo!

Após sua morte e antes de sua ressurreição Jesus desceu àquilo que os poetas descreviam como o reino de Hades. "Quando ele subiu em triunfo às alturas, levou cativo muitos prisioneiros, e deu dons aos homens. Que significa 'ele subiu', senão que também descera às profundezas da terra? Aquele que desceu é o mesmo que subiu acima de todos os céus, a fim de encher todas as coisas" (Ef 4:8-10). "Porque também Cristo padeceu uma vez pelos pecados, o justo pelos injustos, para levar-nos a Deus; mortificado, na verdade, na carne, mas vivificado pelo Espírito; No qual também foi, e pregou aos espíritos em prisão" (1 Pd 3:18,19).

Para o grego daquele tempo, ter um primeiro contato com essas verdades era no mínimo uma experiência chocante. No primeiro momento eles consideravam aquelas histórias como loucura. Mas em contrapartida, quando eram alcançados pelo Evangelho, aquelas histórias se tornavam suas prediletas.

Imagine uma pessoa criada dentro do sistema religioso da filosofia grega! Quando essa pessoa se convertia ao cristianismo aceitando suas verdades, imediatamente ela percebia a superioridade de Cristo sobre seus antigos deuses. Essa era a maior satisfação produzida pela acertada decisão de assumir o Evangelho como regra de vida.

COSMOGONIA EGÍPCIA

Hermópolis, Tebas, Heliópolis e Mênfis eram as maiores cidades do Egito antigo e cada uma possuía um sistema sacerdotal independente. Motivados por uma disputa de natureza política e religiosa, muito parecida com a concorrência entre as denominações de confissão protestante de hoje, cada grupo de sacerdotes lutavam entre si para fazer com que seus deuses e dogmas fossem impostos sobre as demais cidades.

Por causa dessa disputa existem divergências nos relatos da criação egípcio, contudo sem estabelecer contradições profundas na teologia deles.

Para entender a motivação dos egípcios basta olhar para as denominações cristãs da atualidade, que se dividiram em milhares de subprodutos da mesma confissão de fé, sem afetar profundamente a teologia mais básica. Esses novos crentes continuam acreditando nas posições fundamentais da teologia cristã, mas diferem entre si por questões dogmáticas, buscando a razão de suas exposições nas entrelinhas dos textos das Escrituras.

Tal qual sacerdotes egípcios da antiguidade, por causa da vaidade pessoal de seus líderes, grupos de católicos e evangélicos se reúnem em volta de um tratado doutrinário e dogmático, passando impor seus pensamentos àqueles que, por serem mais idiotizados pelo sistema religioso, serão 'presas' fáceis de abater.

Esses cães religiosos preparam um cozido a base de leite para as crianças e carne para os adultos. Temperam tudo com boas pitadas de superstição. Os esfomeados espirituais, por não julgarem a qualidade da comida e a intenção do cozinheiro, vendem por baixo preço o direito de sua primogenitura.

Spinoza dizia que "não há meio mais eficaz para dominar a multidão do que a superstição"; e quando a superstição tem uma boa explicação teórica associada a uma pseudo experiência transcendental fica fácil arrancar gritos apaixonados, danças acaloradas e cada centavo da carteira de dinheiro.

Essa é a guerra civil existente entre as congregações cristãs que são concorrentes no mercado da fé. Todas motivadas pela ambição e fanatismo.

Tudo começa na figura de um sacerdote que não concorda com o governo da igreja local a qual pertence. Por possuir o poder sedutor de falar na mente de alguns, esse sacerdote toma ares de profeta de um novo começo.

Com o advento do profeta dos amotinados, o que vem depois é a elevação de uma nova placa denominando um novo grupo de congregados, que por se acharem com mais razão que os outros, passam a agir como prosélitos, celebrando a estupidez da distorção da mensagem unificadora do Evangelho de Jesus Cristo.

O mundo mudou muito desde a idade do bronze, todavia o homem antigo é o mesmo da idade do módulo lunar, movido pelos mesmos sentimentos egoístas de sempre.

O que motivava o sacerdote egípcio é o mesmo sentimento que motiva muitos sacerdotes cristãos da atualidade: a riqueza material, a superioridade intelectual, a vaidade espiritual, mas principalmente o estabelecimento do poder sobre os demais.

HERMÓPOLIS

Agostinho de Hipona satirizava a curiosidade que o homem tem em conhecer o que havia na aurora dos tempos: "O que havia antes da Criação?" Ele respondia: "O Inferno, para lá jogar as pessoas que fazem esta pergunta".

Na grande cidade de Hermópolis o relato da criação estava focado exatamente nisso: na natureza do universo antes da criação.

Segundo aquela cosmogonia, no início de tudo haviam as Águas Primordias que eram representadas pela Ogdóade - um conjunto de oito deuses.

Masculino e Feminino era entendido como a base da criação.

O deus Nun era a parte masculina da deusa Naunet e eles representavam a própria Água Primordial.

O deus Hu era a parte masculina da deusa Hauhet e representavam as infinitas dimensões da Água.

Os deuses Amon e Amonet representavam a natureza intangível e oculta do mundo invisível, em paradoxo com o mundo manifestado onde os seres vivos existiam e se reproduziam.

Kuk e Kauket eram a manifestação da escuridão presente.

Os oito deuses e deusas eram divididos em masculino e feminino, sendo simbolicamente representados como criaturas aquáticas. Os machos eram representados na forma de sapos e as fêmeas na forma de cobras.

No meio das águas primordiais nasceu uma ilha, que foi chamada de Ilha das Chamas ou Ilha do Fogo. Água e fogo se misturam para formar a primeira porção seca e a atmosfera.

Nesta ilha os deuses da Ogdóade colocaram um ovo, do qual nasceu o deus Ré, responsável pela criação do mundo. Segundo a explicação, mais tarde a cidade de Hermópolis foi construída sobre essa ilha.

Os elementos da cosmogonia de Hermópolis citam alguns elementos da Cosmogonia Bíblica, provando mais uma vez que tudo partiu da mesma fonte.

Assim como na Bíblia, o relato de Hermópolis afirma que foram as Águas Primordiais, que numa mistura de água e fogo formaram todo o universo. Podemos também observar a existência da figura do Ovo de Ré, que conforme os egípcios é o elemento fundamental para a criação do mundo.

Perceba que o Ovo de Ré é uma distorção do que as Escrituras denominam como Pão Vivo que desceu do céu, Jesus Cristo o criador de todas as coisas.

HELIÓPOLIS

Segundo o relato da criação da cidade de Heliópolis, no princípio, Num era as águas do caos.

Com o passar do tempo, a colina Ben-Bem que era formada de lodo, se ergueu dessas águas e no seu topo apareceu o primeiro deus, Atum. Assim como nas outras cosmogonias, aqui também o mundo manifestado surge das águas primordiais.

A tosse de Atum expeliu Shu que era o deus do ar e Tefnut, a deusa da umidade. Shu e Tefnut geraram dois filhos, Nut, a deusa do céu e Geb, o deus da terra.

Nut e Geb se juntaram e tiveram quatro filhos: Osíris, Isís, Seth e Néftis.

Osíris se tornou o deus da terra. Sua irmã Isís foi a sua rainha. Osíris teve um filho com Ísis chamado Hórus.

Motivado por imensa inveja, Seth, que havia se tornado o deus do deserto, um dia matou o seu irmão Osíris. Após sua morte, Osíris foi para o submundo e nesse período Seth tornou-se rei da terra. Hórus partiu para vingar a morte do seu pai e retomar o trono.

Iniciou-se uma grande batalha e os confrontos sangrentos duraram por muito tempo.

Em um duelo, Seth arrancou um olho de Hórus.

A batalha entre tio e sobrinho nunca teve um vencedor e duraria por milhares de anos.

Sabedores dessa situação, os deuses interromperam as intermináveis batalhas e ambos foram convocados ao tribunal. Ainda assim as batalhas não cessaram, e o derramamento de sangue prosseguiu de forma muito pior.

Outra sessão de julgamento foi realizada tendo opiniões divididas entre os jurados. Os partidários de Seth alegavam que por ser mais velho que Hórus, ele deveria assumir o trono. Os partidários de Hórus defendiam que o filho de Osíris, por ser o legítimo herdeiro deveria ser o soberano.

Thoth, o deus da escrita, que mais tarde foi identificado na história egípcia como Hermes Trismegisto, interveio no conflito decidindo que o justo seria que o governo do Egito fosse dado a Hórus.

MÊNFIS

A cosmogonia de Mênfis era centralizada em Ptah, o deus patrono dos artesãos, ferreiros, escultores e armadores. Ptah é o arquétipo da habilidade peculiar que o artesão possui de projetar materiais elegantes a partir da matéria bruta.

Bem diferente dos outros relatos egípcios, em Mênfis contava-se que tudo foi criado a partir do poder do demiurgo, sem manipulação do mundo físico.

Segundo Platão, demiurgo é o artesão divino ou o princípio organizador que, a nível universal, sem tanger a realidade manifestada, modela e organiza toda a matéria, partindo do caos preexistente, culminando na manifestação por imitação, de modelos perfeitos existentes dentro do plano eterno.

Na teologia dessa cosmogonia, tudo o que Ptah desejava fazer, pelo poder de seus pensamentos, eram trazidos à existência. Foi assim que ele criou tudo o que existe, inclusive os outros deuses.

Aparentemente trata-se de uma cosmogonia simples sem o arrojo das batalhas épicas e do luxo peculiar à figura dos deuses egípcios. Todavia, a teologia presente no conceito da criação em Menfis alude à simplicidade da forma como YHWH criou todas as coisas usando um complexo sistema de forças naturais e uma espetacular organização atômica.

Naquele tempo, essa semelhança teve um papel importante no sentido de atender muito bem a demanda de confundir a mente dos homens que não tinham uma definição clara de quem era o Deus Invisível.

Ptah tinha características que, em tese, o igualavam ao Deus de Israel.

Paulo afirma que "Deus dá vida aos mortos e chama à existência as coisas que não existem, como se elas já existissem" (Rm 4:17). Em Hebreus o escritor afirma que "Pela fé compreendemos que o Universo foi criado por intermédio da Palavra de Deus e que aquilo que pode ser visto foi produzido a partir daquilo que não se vê" (Hb 11.3). Toda a Bíblia está cheia de afirmações acerca da criação que nos remete à forma usada para descrever a criação pelo demiurgo egípcio. "Pois ele falou, e tudo se fez; Ele ordenou, e tudo surgiu" (Sl 33.9).

Shakespeare já havia avisado: "O diabo pode citar as Escrituras quando isso lhe convém". Repetindo a constatação frente a outras tradições religiosas da antiguidade, percebemos retalhos da verdade na tradição egípcia. São retalhos significativos que certificam que eles não possuíam toda a verdade. Possuíam meias verdades. E meias verdades são mentiras cem por cento.

Acerca dos falsos deuses egípcios, afrontados pelo Grande EU SOU, quando da libertação do povo de Israel das terras do faraó, a seu tempo profetizou Jeremias: "Digam-lhes isto: 'Esses deuses, que não fizeram nem os céus nem a terra, desaparecerão da terra e de debaixo dos céus'. Mas foi Deus quem fez a terra com o seu poder, firmou o mundo com a sua sabedoria e estendeu os céus com o seu entendimento. Ao som do seu trovão, as águas no céu rugem, e formam-se nuvens desde os confins da terra. Ele faz os relâmpagos para a chuva e dos seus depósitos faz sair o vento. Esses homens todos são estúpidos e ignorantes; cada ourives é envergonhado pela imagem que esculpiu. Suas imagens esculpidas são uma fraude, elas não têm fôlego de vida. São inúteis, são objetos de zombaria. Quando vier o julgamento delas, perecerão" (Jr 10:11-15).

O texto bíblico tem uma intenção clara: afrontar os deuses e seguidores da religião egípcia que ainda existiam nos tempos de

Jeremias.

TEBAS

Para a cosmogonia da cidade de Tebas, embora Amon não figurasse como um membro da Ogdóade, ele era a verdadeira força secreta por detrás da criação. A teologia de Tebas não excluía a existência dos demais deuses, todavia os colocava em um patamar inferior.

Para afrontar a crença dos demais sistemas religiosos egípcios, Tebas impunha que Amon era superior e transcendia aos demais deuses de forma infinita, até mesmo porque habitava 'além do céu' e era 'mais profundo que o submundo'.

O paralelo hebreu de Amon é o que os cabalistas judeus chamam de 'Ain Soph'.

Abaixo de 'Ain Soph' e acima de todas as manifestações da Árvore Sefirótica, para além da mais alta Sephirot, que é Kether, existe um espaço a que chamam de 'Aïn Soph Aur', que é a luz sem fim.

Esse espaço luminoso já é em si, um nível impenetrável à consciência de qualquer hierarquia criada, sejam serafins, querubins, tronos, anjos ou mesmo o ser humano.

'Ain Soph Aur' é o 'Absoluto', o 'Não-Manifestado', que imbuído da intenção de ser compreendido emanou 'Kether', a primeira sephirot, que por sua vez emanou os demais frutos da 'Árvore da Vida'.

O homem nunca compreendeu, nem jamais compreenderá o poder e a luminosidade de 'Kether'.

Considere que: se 'Kether' é uma sephirot manifestada para nosso multiverso, já nos é incompreendida, quanto mais 'Ain Soph Aur', que não se manifesta, quem a compreenderá?

Meditando sobre esse supremo poder, considere que 'Ain Soph' está acima de 'Ain Soph Aur'.

'Ain Soph' é o absoluto, cujo nome significa: 'Sem Limites'.

A teologia egípcia está longe de possuir o arrojo da teologia judaica, que apresenta o Deus Triuno através do esquema que se eleva sobre a Árvore da Vida.

Envolvendo Kether e todas as suas emanações está 'Ain Soph Aur'; envolvendo 'Ain Soph Aur' e tudo que este envolve, está 'Ain Soph'; e por fim envolvendo 'Ain Soph' e tudo que esse envolve, está o Absoluto do Absoluto, que se chama 'Ain'.

'Ain' é o 'Deus Pai'. 'Ain Soph' é o 'Filho'. 'Ain Soph Aur' é o 'Espírito

Santo'.

Todavia 'Ain Soph', é para o egípcio, a descrição do deus Amon, que nesse paralelo é uma cópia torta da 'Divina Pessoa de Jesus'.

Esse deus Amon, apesar de seus poderes ilimitados, tinha um comportamento ao nível das criaturas e de forma vaidosa participava das pequenas querelas humanas, mostrando-se débil diante de eventos onde um soberano de tal envergadura deveria ter uma postura condizente com o seu poder.

Em um paralelo com Jesus, Amon seria facilmente superado pelo 'Logus Divino'.

O relato de Tebas compara o ato da criação de Amon com o grasnar de um ganso.

O grito desse deus movimentou a face das águas primordiais que se desdobraram em ondas pelo efeito da reverberação do som. Assim foram criados todos os deuses da Ogdóade.

Amon era tão superior, que sua verdadeira natureza era ocultada até mesmo dos outros deuses. Ele era a fonte da criação, e todos os outros deuses, eram apenas aspectos de sua natureza, uma espécie de manifestação de seus atributos.

Com base nessa crença, Amon acabou por se tornar o deus supremo do panteão egípcio e Tebas era reconhecida como o local onde o Monte Primordial havia surgido no início dos tempos.

'Benben' foi o monte que surgiu a partir das águas primordiais.

A expressão 'Pedra Benben' é usada até os dias de hoje para se referir à pedra que fica no topo das pirâmides egípcias. Esse termo também está associado à construção dos antigos e a recentes obeliscos, construídos em diversas cidades espalhadas pelo mundo, como Washington, Vaticano, Buenos Aires, São Paulo, Paris, Petrópolis, entre outras.

Todo obelisco é uma menção à forma como o mundo veio à existência sob a perspectiva tebana, e, além disso, se comporta no mundo espiritual como uma homenagem aos deuses do antigo Egito.

Acreditava-se que 'Benben' emergiu das águas primordiais para receber a incidência dos primeiros raios da luz solar. Na teologia judaica encontramos um paralelo que finalmente demonstra que todas as tradições religiosas partiram de uma mesma única história.

TODOS OS CAMINHOS

"Todos os caminhos levam a Deus" (dito popular). O ditado correto deveria ser: todos os caminhos partiram de um mesmo ponto e se bifurcaram formando duas estradas, uma larga e a outra estreita. Se for tomado o caminho de volta, certamente chegar-se-á ao ponto de origem: o ponto no meio do círculo.

Na alquimia, cada metal tem seu símbolo próprio, sendo que o circumponto representa o ouro, considerado o mais perfeito entre todos os metais.

O 'Circumponto, 'círculo ponto', ou 'círculo com ponto no centro' é um símbolo milenar que representa o próprio sol, o universo, o princípio da existência, o Big Bang, o infinito, mas é principalmente uma referência à singularidade, o início de todas as coisas.

No simbolismo sagrado, esse símbolo faz menção ao tempo do despertar do Universo. O ponto no meio do círculo representa o começo de tudo, a raiz.

Esse é o ponto onde tudo tem um começo. Se a humanidade fizer o caminho de volta, certamente chegará a esse ponto. Ao lugar de onde todas as coisas partiram. O lugar no espaço onde tudo teve um começo. O lugar no tempo onde todos sabiam a mesma única história.

Chegamos a uma constatação que nos deixa perplexos: em um dia antigo, nos primeiros passos da caminhada humana, todos acreditavam na mesma coisa e da mesma forma. Não limitado às religiões do crescente fértil e da mesopotâmia, encontramos a essência do mesmo relato nas religiões orientais. Assim está escrito no Rig Veda: "Não existia nada: nem o claro céu, nem ao alto a imensa abóbada celeste. O que tudo encerrava, tudo abrigava, e tudo encobria, que era? Era das águas o abismo insondável?" (Rig Veda). "A raiz da vida estava em cada Gota do Oceano da Imortalidade, e o Oceano era Luz Radiante, que era fogo, calor e movimento" (Estância III do Livro de Dzian).

Os tebanos do Egito acreditavam que o Monte Primordial emergiu das águas primordiais exatamente na posição geográfica onde estava edificada a cidade de Tebas.

Em paralelo, existe em Israel o Monte Hermon, que é o equivalente físico do Monte da Congregação celestial. Foi no Monte da Congregação, realidade absoluta no céu dos céus, que, no seu tempo, Lúcifer quis se assentar e dali governar o mundo de Deus: "E tu dizias no teu coração: 'Eu subirei ao céu, acima das estrelas de Deus exaltarei o meu trono, e no monte da congregação me assentarei, aos lados do norte'" (Is 14.13).

Monte Hermon = Monte Primordial = Monte da Congregação.

O MAR DA GALILEIA

O Mar da Galiléia é a manifestação física do Mar das Águas Primordiais tanto na visão egípcia, quanto na visão judaica e na maioria das tradições ocidentais e orientais.

Incríveis realizações do Filho de Deus foram realizadas naquele palco e quem possui sensibilidade espiritual logo percebe os significados míticos e místicos dos eventos protagonizados por Jesus no Mar da Galiléia.

Jesus andou sobre as águas e acalmou a tempestade que enfurecia o mar. Fez com que Pedro caminhasse ao seu encontro sobre as mesmas águas e em seguida acalmou a alma de seus aterrorizados discípulos.

Foi nesse mesmo lugar que Jesus ordenou que os peixes enchessem abundantemente a rede de seus seguidores. Foi do fundo do Mar da Galiléia que veio o dinheiro para pagar a extorsão do imposto ilegal cobrado pelo governo romano.

Sob o ponto de vista místico e mítico, todas as vezes que Jesus manifestou sua autoridade sobre o Mar da Galileia, Ele estava mencionando em nível cósmico, a sua soberania sobre toda a criação que surgiu a partir das Águas Primordiais.

O MAR DAS ÁGUAS PRIMORDIAIS

O Lago estava adormecido aos pés do Altíssimo, até que o Pão da Vida tocou suas águas de cristal.

Uma elegante, porém furiosa onda se formou abrindo sua circunferência que buscava o limite da margem.

Na forma da intenção do Altíssimo, o que era oculto se fez revelado.

O Espírito de Deus pairava sobre as revoltas Águas da Vida e tudo que ainda não havia como realidade, se ergueu e se formou.

Cada gota do oceano era água e era fogo.

Da água emergiu a terra e do fogo se fez o ar.

Mantendo a superfície das águas isoladas da profundidade do oceano, os véus da realidade cumprem a missão de ocultar o que está acima da superfície.

Sob as águas, o que é visto pelos olhos é a grande ilusão dos submersos.

Sobre a superfície das águas primordiais tudo está unido ao mundo dos espíritos, que Platão chamou de mundo das ideias.

Abaixo da superfície tudo é sombra. Sombras do que o homem deveria ser enquanto filho gerado no seio do Pai dos Espíritos. Abaixo da superfície o homem é apenas um borrão escuro do que deveria ter sido.

Acontece que em direção à profundidade das águas, as imagens são distorcidas pelo fenômeno físico e também espiritual conhecido pelo nome de 'refração da luz'. Esse fenômeno explica que quanto mais refringente for um meio óptico, menor será a velocidade da luz em seu interior. A profundidade das águas afeta o comportamento da luz.

O meio fluido, abaixo da superfície provoca refração, uma mudança da direção de uma onda luminosa.

A profundidade das águas diminui a velocidade da luz e muda o curso de sua direção.

É impossível ser luz em sua plenitude quando o meio é inadequado. Devemos ser luz, todavia o meio onde vivemos é uma prisão onde as características mais essenciais da luz são coibidas de se manifestar.

Existe um chamado que convida o homem para emergir da profundidade escura: "Mas, se andarmos na luz, como ele na luz está, temos comunhão uns com os outros, e o sangue de Jesus Cristo, seu Filho, nos purifica de todo o pecado" (1 Jo 1:7).

A consciência do homem pode evoluir rumo a superfície, onde a velocidade da luz não sofre alteração e onde as propriedades das imagens são verdadeiras e não meros espetros da realidade.

TUDO É RELATIVO

"Não consigo conceber um Deus pessoal que tenha influência direta nas ações dos indivíduos ou que julgue as criaturas da sua própria criação. Minha religiosidade consiste numa humilde admiração pelo espírito infinitamente superior que se revela no pouco que conseguimos compreender sobre o mundo passível de ser conhecido. Essa convicção profundamente emocional da presença de um poder superior racional, que se revela nesse universo incompreensível forma a minha ideia de Deus" (Albert Einstein).

Erram aqueles que procuram nos primeiros capítulos de Gênesis um texto que se expresse através de linguagem característica de um tratado de Astrofísica.

No Gênesis, os dias da criação tem finalidade mais didática do que científica, e seu público alvo eram pessoas de um contexto cultural que existiu a aproximadamente três mil e quinhentos anos. Entretanto o Livro do Gênesis é atemporal, escrito para todos os homens de todos os tempos.

Enquanto estudamos a narrativa, naturalmente percebemos que a verdadeira ciência está presente nas entrelinhas do texto que esconde a assinatura do Criador, da mesma maneira que os grandes pintores escondiam suas assinaturas e mensagens subliminares na beleza de seus quadros.

O relato do Gênesis é uma narrativa que não se preocupa com os critérios normativos do método científico. É um livro vivo, escrito para o homem consciente.

Em cada letra, em cada espaço entre palavras, em cada formação sintática, no estilo e na forma como as palavras foram posicionadas no diagrama textual, o homem poderá encontrar principalmente a razão de ser de tudo que existe, e definitivamente seu papel frente o universo visível e invisível.

Viajando do Monte Sinai para uma realidade superior, Moisés recebeu a revelação diretamente do Criador. Deus passou diante de Moisés o 'filme da criação' e ditou a ele cada palavra da Torá.

O texto do Pentateuco é denso, sendo escrito em diversas camadas de significado. A primeira camada nos parece uma historinha simbólica, cuja finalidade não passa de um conto para embalar a imaginação de crianças.

Se o trabalho exegético ficar na primeira camada do texto, a única coisa que produziremos é uma incômoda pedra no sapato da lógica.

Um pouco abaixo da superfície nos deparamos com um texto mais simbólico que sustenta um profundo tratado de cosmogonia mitológica; matéria para deleite da filosofia clássica.

Na medida em que se aprofunda no texto, o exegeta aplicado começa a encontrar as preciosas gemas do conhecimento oculto. Abandona o leite das crianças passando a alimentar-se de comida sólida, alimento para adultos.

Ao longo de sua jornada mina adentro, o aluno percebe que a escuridão só pode ser vencida pela luz do próprio Criador. Pacientemente o estudioso vai escavando cada vez mais fundo até se deparar com a perfeita esmeralda do conhecimento: um espantoso tratado de Cosmologia sintonizado com as mais recentes descobertas da física espacial e quântica.

O HEBRAICO ESPIRITUAL

Os antigos rabinos ensinavam que o Hebraico é um código de escrita que excede os limites da interpretação de texto. Para os estudiosos da Torá, as vinte e duas letras daquele alfabeto são muito mais do que simples desenhos no papel. Elas são uma mensagem gráfica que coloca o universo em contato com vinte e duas energias primárias fundamentais.

No passado, quando essas energias foram combinadas pela formação das palavras emitidas pela boca de Deus o poder dessas forças deram origem a todas as coisas.

O Evangelho de João se inicia por afirmar essa verdade quando diz: "No princípio era o Verbo, e o Verbo estava com Deus, e o Verbo era Deus. Ele estava no princípio com Deus. Todas as coisas foram feitas por ele, e sem ele nada do que foi feito se fez" (João 1:1-3).

Perceba que o texto do Evangelho fala simultaneamente de dois personagens que aparentemente não podem ser a mesma pessoa, pelo fato do primeiro se tratar de uma coisa e o segundo se tratar de um ser: o primeiro personagem identificado é a Palavra, o Verbo, o Logus, que no texto nos é apresentado como o poder criativo de Deus. Todavia, analisando o texto com um pouco mais de cuidado identificamos esse Logus com a pessoa de Jesus, o Verbo Vivo. A Palavra e Jesus, contrariando a lógica se trata da mesma pessoa.

Jesus é a essência do poder dos códigos da Torá. Ele é a Palavra Viva, a essência mais pura e poderosa da manifestação dos condutores energéticos, que no mundo manifestado se apresentam através dos caracteres da língua hebraica.

Seguindo uma misteriosa norma de morfologia e sintaxe, as palavras divinas ordenaram a organização do caos sobre as águas primordiais, formando o universo de acordo com aquilo que os cientistas posteriormente passaram a chamar de 'as leis naturais'.

Perceba um exemplo simples de como a interpretação exaustiva da Torá nos abre as janelas para entendermos a profundidade do texto sagrado.

Aleph (א) é a primeira letra do alfabeto hebraico, cujo valor numérico é 1 e ela se impõe sobre as outras letras como o Uno, o princípio fundamental de todas as coisas.

Entretanto a primeira letra que aparece na Torá não é a letra Aleph.

A primeira letra hebraica que aparece na Bíblia é Bet (ב), que é a segunda letra daquele alfabeto. No texto hebraico a ordem das letras é escrita da direita para a esquerda.

הָאָרֶץ:	וְאֵת	הַשָּׁמַיִם אֵת	אֱלֹהִים	בָּרָא	בְּרֵאשִׁית
HÅÅRETS	VËET	ET HASHÅMAYM	ELOHYM	BÅRÅ	BËRESHYT
a terra.	e	os céus	Deus [Elohim]	criou	NO princípio

הָאָרֶץ וְאֵת הַשָּׁמַיִם אֵת אֱלֹהִים בָּרָא בְּרֵאשִׁית"

Bereshit bara Elohim et hashamayim veet ha'aretz

"No princípio criou Deus os céus e a terra".

A primeira da letra da Torá é Bet (ב), e isso significa que antes do princípio (ב = Bereshit) havia o primeiro (א = Aleph).

A primeira letra do alfabeto hebraico não é a primeira letra do Gênesis. A primeira letra do Gênesis é a segunda letra do alfabeto e isso indica que o Criador antecede a Criação, contudo sem se mostrar claramente.

Perceba que a abertura do Livro de Gênesis se faz com sete palavras. Uma composição poética que de forma matemática usou uma palavra para cada dia da criação. Os antigos cabalistas judeus nos ensinam que toda a criação do universo está apoiada apenas nessas sete palavras que saíram da boca de Deus e é isso que também sustenta o escritor do Livro de Hebreus quando diz: "sustentando todas as coisas pela palavra do seu poder" (Hb 1:3).

Em paralelo com o primeiro livro do Antigo Testamento, o primeiro livro do Novo Testamento também usa esse mesmo estilo de escrita. O Evangelho de Mateus transliterado para o hebraico produz a mesma estrutura, com sete palavras no seu início, em Mateus 1:1.

אברהם	בן	דוד	בן	ישוע	תולדות	אלה
Avraham	Ben	David	Ben	Yeshua	Toldot	Eleh
Abraão	Filho de	Davi	Filho de	Jesus	As gerações de	Estas são

Mateus de forma consciente ou não, todavia excluindo a possibilidade de ser coincidência, através desse estilo de escrita, relaciona o nascimento de Jesus com a criação do universo, e essa já era uma mensagem cifrada até mesmo para os homens daquele tempo, afinal, o povo comum, não entendia o Hebraico, sendo que basicamente todos os livros do Novo Testamento foram escritos em grego, inclusive o próprio Evangelho de Mateus.

ESCAVANDO ABAIXO DA SUPERFÍCIE

Como regra para o estudo dos dias da criação, usaremos a ciência para explicar as Escrituras e não o contrário. Faremos assim, pois consideramos que o texto das Escrituras Sagradas é superior às descobertas científicas.

A ciência deve se render à Bíblia usando-a como principal ferramenta de investigação. Se a ciência não fizer isso estará atrasando a sua própria evolução.

Muitos textos das Escrituras já foram explicados pela ciência, enquanto muitos outros ainda não foram 'provados cientificamente'. Todavia, esse é um problema da ciência, não da Bíblia.

Apesar de muitos postulados das Escrituras estarem aguardando confirmação científica, isso significa apenas que a ciência não evoluiu o suficiente para explicar aquelas verdades. Quanto mais o tempo passa, mais provas contundentes são apresentadas para confirmar que a Bíblia sempre está com a razão.

O que podemos afirmar com toda convicção é que nenhuma voz

pode se elevar acima das Escrituras, nem a religião, nem a filosofia, nem a ciência. Todavia, alguns amedrontados tentam ajudar a Deus na tarefa de convencer o homem de que Ele é o maioral do Universo. Deus não precisa desse tipo de ajuda, muito menos de usar o homem como bengala para se afirmar filosoficamente como o Criador do Universo. O Eterno sabe que se a ciência for boa, ela produzirá reverência, e enquanto avança, a ciência tratará de, silenciosamente, mostrar Sua assinatura que existe de forma oculta em cada coisa que Ele criou.

Na tentativa de proteger as Escrituras, que ultimamente parecia estar enfraquecida diante das últimas descobertas da ciência, muitos teólogos estão afirmando em seus arrojados tratados de teologia sistemática que o texto de Genesis capítulo 1 é metafórico e que Moisés quis dizer seis eras, e não seis dias de vinte e quatro horas.

Esse estratagema não passa de um truque que objetiva fazer a Bíblia ter razão a qualquer preço. Um truque desnecessário, que reduz a beleza do admirável processo da criação.

Na busca de parecerem-se intelectualizados e com isso arrebanhar o maior número possível de prosélitos, esses religiosos sistêmicos procuram os favores da aprovação popular, e para isso vendem a própria alma enquanto abrem mão de suas primitivas convicções teológicas. Se vendem para teorias científicas fazendo-as verdades absolutas enquanto torcem o real sentido das Escrituras fazendo-a caber em suas explicações mirabolantes. Entretanto o caminho inverso também acontece quando, buscando outra classe intelectual de prosélitos, esses aproveitadores negam qualquer tipo de ciência, até mesmo aquela que louva o Criador, enquanto explica de forma correta o funcionamento do Universo.

O verdadeiro adorador de YHWH é indiferente a esse tipo de embate. Silenciosamente ele entende que poucos são aqueles que, em cada geração estão preparados para a verdade. Aqueles que reconhecem a Verdade, quando essa se lhe apresenta nas sutilezas.

Esses são aqueles que reconhecem as pérolas da sabedoria e sabem o seu real valor. Reservam as pérolas para a coroa, nunca as lançando à vulgaridade suína da ignorância.

Pérolas lançadas aos porcos são misturadas à lama da irreverência e ao desprezível alimento mental daqueles que justamente igual aos porcos não possuem, nem querem possuir a articulação que os possibilita a olhar para cima.

Enquanto viverem como porcos, estão condenados a olhar apenas para baixo, para suas próprias misérias e para o resultado do seu trabalho intestinal.

Deus e o seu Livro não precisam de truques para se afirmar quanto verdade.

Nesse trabalho, sustentamos que toda a criação aconteceu em seis dias de vinte e quatro horas, totalizando cento e quarenta e quatro horas de uma semana. Esse é o tempo consumido na criação e construção do Universo.

Antes de mergulharmos no assunto dos dias da criação, se faz necessária uma pequena parada para uma nova introdução e para entender cada dia e os atos de Deus em cada um deles indico ao leitor a leitura do livro 'Criação Desvendada', desse escritor.

A FÉ DE ALBERT EINSTEIN

O mais aclamado cientista do século vinte é Albert Einstein (1879-1955). Judeu de nascimento e naturalizado alemão, ele nasceu no berço de uma família não praticante da religião de seus ancestrais.

Por um curto período de sua pré-adolescência Einstein viveu uma fase marcada por um intenso fervor religioso. Todavia aos doze anos, desenvolvendo sua paixão pela leitura, Einstein se deparou com a literatura de divulgação científica.

Diante das novidades científicas daquele tempo, rapidamente se convenceu de que algumas histórias da Bíblia não passavam de antigas lendas. A partir de então, Einstein encerrou definitivamente a sua curta experiência religiosa.

A mais completa biografia de Albert Einstein é o recente livro de Walter Isaacson (Einstein: His life and universe, 2007, traduzida ao português pela Companhia das Letras com o título: Einstein - sua vida, seu universo. São Paulo, 2007). Nesse monumental trabalho, o escritor dedica um capítulo inteiro à religiosidade e à espiritualidade do cientista.

No capítulo 'O Deus de Einstein', Isaacson reúne várias afirmações que nos leva a constatar que o cientista era um homem de uma profunda espiritualidade. Era firme com suas convicções e na sua maturidade nunca perdeu uma chance para defender uma fé racional.

Einstein vivia uma religiosidade muito acima da mediocridade. Sua crença era baseada na existência de um poder racional superior; era uma forma evoluída de fé cósmica direcionada a um Ser que controlava as leis do universo e nele se revelava. "Tente penetrar, com nossos limitados meios, nos segredos da natureza, e descobrirá que por trás de todas as leis e conexões discerníveis, permanece algo sutil, intangível e inexplicável. A veneração por essa força além de qualquer coisa que podemos compreender é a minha religião. Nesse sentido eu sou, de fato, religioso".

Einstein considerava Deus um ser incompreensível, mas nunca parou de tentar compreendê-lo. Era como se por detrás da sua motivação para entender as leis que governavam o Cosmos, em reverente silêncio, ele buscasse (principalmente) a essência do pensamento do próprio Deus.

Suas declarações pouco sutis a respeito da religião, evidenciava que vivia distante das confissões religiosas do judaísmo e do cristianismo, até mesmo porque o seu Deus não era definido pelas doutrinas e dogmas dessas religiões. Ele dizia: "Sou um não-crente profundamente religioso".

Sua ciência era a forma que ele usava para buscar a divindade que o transcendia. "Eu não sou ateu. O problema aí envolvido é demasiado vasto para nossas mentes limitadas. Estamos na mesma situação de uma criancinha que entra numa biblioteca repleta de livros em muitas línguas. A criança sabe que alguém deve ter escrito esses livros. Ela não sabe de que maneira nem compreende os idiomas em que foram escritos. A criança tem uma forte suspeita de que há uma ordem misteriosa na organização dos livros, mas não sabe qual é essa ordem. É essa, parece-me, a atitude do ser humano, mesmo do mais inteligente, em relação a Deus. Vemos um universo maravilhosamente organizado e que obedece a certas leis; mas compreendemos essas leis apenas muito vagamente".

Muitos defensores do ateísmo moderno, inclusive o principal produtor de literatura ateísta Richard Dawkins, tentam pegar carona na falácia de que Einstein era ateu. Todavia, acerca disso, ele mesmo se encarregou de deixar uma resposta clara: "O que me separa da maioria dos chamados ateus é um sentimento de total humildade com os segredos inatingíveis da harmonia do cosmos (...) Você pode me chamar de agnóstico, mas eu não compartilho daquele espírito de cruzada do ateu profissional, cujo fervor se deve mais a um doloroso ato de libertação dos grilhões da doutrinação religiosa recebida na juventude".

Einstein não reconheceu o Deus de Jesus na religião, muito embora declarasse ser "fascinado pela luminosa figura do Nazareno", conforme cita seu biógrafo Walter Isaacson. Todavia não podemos negar que de alguma forma Einstein encontrou o Criador enquanto procurava compreender sua criação. Enquanto buscava variáveis para suas equações, inconscientemente, o que de fato ele buscava era compreender a mente de Deus e o sentido da vida. É provável que ele não orasse para esse Deus, afinal, ele não acreditava na possibilidade de uma relação pessoal com a divindade.

Mas enfim, o que é a oração?

Oração é bem mais do que palavras de louvor e petição dirigidas a um deus, que na maioria das vezes fica calado diante da atitude do penitente. Estamos certos de que a verdadeira oração transcende as palavras de petição e louvor.

Oração é principalmente uma postura deslumbrada diante do macrocosmo simultaneamente associada a uma postura quebrantada diante do microcosmo. Oração é uma atitude viva, que se processa pela vida e se estabelece para muito além das palavras.

Oração de verdade só serve se for vivida da forma que o Apóstolo Paulo ensinou: "Orai sem cessar" (1Ts 5:17).

Entenda que a única maneira de orar sem cessar é fazer com que a oração seja um estilo de vida.

É bem mais que um momento contido na atitude de dobrar os joelhos.

Oração deve ser um constante deslumbrar-se e quebrantar-se.

Mesmo que Einstein não fosse um cristão ou um judeu praticante, sua perseguição pelos objetivos da ciência fazia dele uma pessoa que orava sem cessar.

Na introspectividade de suas descobertas, enquanto decifrava o código de Deus, o cientista era bem mais que um físico. O cientista era um penitente, um adorador do Deus Altíssimo e fazia isso enquanto elaborava suas equações matemáticas.

RELATIVIDADE

A Teoria da Relatividade de Einstein é formada pela união de duas outras teorias: a da Relatividade Restrita ou Especial (publicada pela primeira vez em 1905) e da Relatividade Geral (publicada em 1915).

A Relatividade define uma relação entre o espaço e o tempo, preconizando que ambos são de caráter relativo e não estático. Afirma que o tempo não passa de forma igual para todos, podendo variar de acordo com a velocidade, o espaço e a gravidade.

As principais afirmações da Relatividade Restrita é:

A velocidade da luz é constante para todo o universo;
O espaço não é uma grandeza absoluta;
O tempo não é uma grandeza absoluta;
A gravidade é uma consequência da curvatura do espaço-tempo.

A luz viaja sempre à mesma velocidade, independentemente de ter sido emitida por uma lanterna na mão de um pedestre ou projetada a partir de um jato supersônico. Isso significa que a velocidade do jato não possui o poder de aumentar a velocidade da luz. A velocidade é sempre a mesma, indiferente à velocidade do agente emissor. A luz da lanterna e a do jato viajam à mesma velocidade.

Algo fascinante provado por Einstein é que nada pode viajar mais rápido que a luz. Quando um objeto se aproxima desse limite de velocidade, o tempo e o espaço se distorcem.

Vários testes provaram que perto da velocidade da luz, o tempo desacelera e os objetos se encolhem, tornando-se mais pesados.

Conforme postulado pela equação $E = mc^2$ (energia = massa × velocidade da luz ao quadrado), qualquer objeto está fadado a ir ficando cada vez mais denso enquanto se aproximam dessa velocidade.

Em baixas velocidades esse ganho de peso é insignificante, mas se torna infinito na medida em que se aproxima da velocidade da luz.

Está postulado pela ciência que nada pode acelerar além velocidade da luz. Nada que possua massa ou que seja feito de matéria poderá atingir essa velocidade.

Com o uso da tecnologia certa, um objeto pode até mesmo chegar perto, desde que tenha a capacidade de vencer a condenação de tornar-se mais pesado enquanto enfrenta uma progressiva dificuldade de aceleração.

Perceba que tudo é afetado pela propriedade da luz, todavia ela não é afetada por nada.

Einstein também previu que o tempo desacelera na medida em que o viajante se aproxima da velocidade da luz. Essa estranha previsão do cientista foi comprovada através de um experimento no ano de 1971.

Quatro relógios atômicos totalmente idênticos foram colocados em aviões distintos e deram duas voltas ao redor do mundo, dois voaram na direção leste e dois a oeste. Quando os relógios chegaram a seus destinos, seus contadores foram comparados com o de outro relógio, também idêntico que havia permanecido em solo. A constatação foi espetacular: aquilo que Einstein previu, baseando-se exclusivamente em sua equação, provou-se verdade. Os relógios em movimento perderam uma pequena fração de segundo quando comparados com o relógio atômico que havia ficado estático, em solo. O tempo passou de forma diferente.

Estava provado que a velocidade altera a passagem do tempo.

Perceba que para calcularmos a velocidade de um objeto usamos a seguinte fórmula: velocidade da luz= distância / tempo (velocidade da luz é igual a distância dividida pelo tempo). Todavia a velocidade da luz nunca é variável, por isso essa equação sempre terá um valor fixo:

299.792.458 m/s = distância / tempo.

Diferente do espaço e do tempo, a velocidade da luz é quem dita o que vai acontecer com as demais variáveis da equação. Espaço é variável, tempo é variável, a única constante do universo é a velocidade da luz.

Como nada pode exceder a velocidade da luz, só resta uma conclusão: a distância tem que encolher e o tempo tem que desacelerar para compensar o resultado da equação.

Finalmente podemos concluir que se "andarmos na luz, como ele na luz está" (1 Jo 1.7) confrontaremos a fronteira final: o paradoxo da ausência do tempo e do espaço.

Na velocidade da luz o tempo e o espaço se encolhem até se tornarem uma coisa só.

Enquanto estivermos aprisionados nessa armadura de carne, limitados pela percepção dos sentidos físicos, não teremos palavras ou mesmo sentimento que tenha a capacidade de expressar o que seria "viver na luz", sem nenhuma barreira física que produza sombra. Paulo, estando diante de uma compreensão esotérica, descreveu o indescritível: "As coisas que o olho não viu, e o ouvido não ouviu, e não subiram ao coração do homem, são as que Deus preparou para os que o amam" (1 Co 2:9).

"Haja luz" (Gn 1.3)! Essa é a primeira fala explícita de Deus.

Após o Big Bang, o universo recebeu uma esplêndida explosão de fótons, que só puderam ficar livres após a vitória da matéria sobre a antimatéria. Os fótons se libertaram do plasma original que servia de barreira à sua luminosidade. A luz passou a perseguir a expansão do universo, viajando à altíssima velocidade de 300 mil km/s. A partir daquele momento, o universo de trevas, iluminou-se.

A teoria da Relatividade Geral afirma ainda que a gravidade é o resultado da distorção que determinada massa provoca no "tecido" do espaço. Nesse sentido quando determinado objeto se movimenta em alta velocidade pelo espaço, formam-se as chamadas Ondas Gravitacionais.

A gravidade não é somente uma força invisível que exerce atração sobre corpos celestes, ela é uma distorção do próprio espaço. Quando objetos se movimentam, cada um deles, em função de sua massa, provoca uma onda no espaço.

Essa onda é semelhante ao que acontece quando uma pedra é lançada na superfície de um lago: o impacto da pedra provoca uma onda que passa a viajar em busca do limite da margem.

As vibrações no 'tecido' do tempo-espaço começaram com o impacto do Pão lançado sobre a superfície das águas do lago primordial. O resultado desse impacto sobre o tecido do espaço-tempo é a produção de uma onda que viaja a 300 mil quilômetros por segundo. Começou ali e continuará até o limite da margem, que é o fim de todas as coisas criadas sobre a superfície do Lago das Águas Primordiais.

A RELATIVIDADE DE MOISÉS

"Porque mil anos são aos teus olhos como o dia de ontem que passou, e como a vigília da noite" (Sl 90.4). Foi isso que Moisés disse usando outras palavras: 'Porque mil anos são aos teus olhos como 24 horas que se passaram ou como 4 horas da noite'.

Muito tempo após esse 'postulado científico' ser escrito, o Apóstolo Pedro parece ter 'elevado essa ciência' para outro patamar quando cita o grande profeta em sua segunda epístola: "para o Senhor um dia é como mil anos, e mil anos como um dia" (2 Pe 3.8). Pedro 'melhorou' o conceito da física de Moisés quando afirmou que 1 dia é como 1000 anos.

A contagem de Moisés, diferente da contagem de Pedro, não criava uma relação de proporcionalidade, de equivalência. Pedro é enfático, ao desenhar uma equação: 1000 anos é igual a 24 horas e 24 horas é igual a 1000 anos.

1000 anos = 24 hs

O símbolo de igualdade faz com que o lado esquerdo e direito da equação sejam absolutamente proporcionais.

Como 1000 anos teriam 250 anos bissextos, podemos refazer a equação da seguinte forma:

X= 8.766.000 horas
Y= 24hs
X = Y

8.766.000 horas = 24 hs

Mas seria essa equação uma equivalência literal? Certamente que não! A equivalência entre X e Y nos leva à conclusão de que Pedro sabia que o tempo não era uma constante, sendo que a única explicação lógica para sua afirmação era que de alguma maneira Pedro sabia que o tempo poderia dilatar ou encolher.

A essência do mistério da Teoria da Relatividade tem um elemento comum na literatura de Moisés e Pedro.

Einstein foi eficaz em ocultar sua fonte!

O SEGREDO DA CRIATIVIDADE

Einstein tinha uma fé diferente, evoluída, voltada para busca do descobrimento do mistério. "O segredo da criatividade é saber como esconder as fontes", já dizia Albert Einstein. Perceba que diante das Escrituras, a teoria da Relatividade deixa de ser um trabalho tão autoral!

Enquanto se aprofundava em suas pesquisas, Einstein tinha seu trabalho influenciado pelo que havia aprendido na Torá e na Cabala Judaica. Ele dizia: "Ciência sem religião é manca, religião sem ciência é cega", e naturalmente fez da sabedoria milenar da religião a sua grande fonte de inspiração e ferramenta de pesquisa.

Uma das expressões mais famosas de Einstein foi: "Deus NÃO joga dados com o Universo". Esse comentário foi proferido enfatizando sua opinião contrária a um princípio da Mecânica Quântica.

Mesmo sendo um dos pais da teoria quântica, Einstein se posicionou fortemente contra o Princípio da Incerteza de Heisenberg, por achar que devido a esse princípio, a Mecânica Quântica falhava em explicar a realidade. Einstein não admitia que a realidade fosse uma sequência de probabilidades aleatórias, afinal, os dias da criação, conforme ele havia aprendido no judaísmo, gritava alto no seu interior.

Com o passar do tempo, Einstein reconheceu o seu erro colocando um fim em sua cruzada para descobrir algum erro na Mecânica Quântica. Por fim ele indicou Heisenberg ao prêmio Nobel fazendo uma bela recomendação: "Estou convencido de que essa teoria sem dúvida contém parte da derradeira verdade".

Essa discussão de Einstein tem todo um significado religioso, pois, ao negar a veracidade do Princípio da Incerteza, ele era, naquele momento um apaixonado pela Torá. Entenda que o dado possui seis lados, um lado para cada dia da criação.

No pensamento de Einstein, Deus usou um critério cronológico para a criação, sem probabilidade, criando cada etapa do primeiro ao sexto dia.

Não jogar dados significa nesse sentido, que a criação do universo se deu de forma sequencial e não aleatória. Os dias da criação estavam ligados entre si pela corrente do tempo, onde o 2 só pode vir depois do 1, e o 3 só acontece após os eventos do 2.

"Então Einstein estava errado quando disse: 'Deus não joga os dados'. A consideração dos buracos negros sugere não apenas que Deus joga os dados, como que às vezes nos confunde, jogando-os onde eles não podem ser vistos" (Stephen Hawking).

6 MIL ANOS

A idade do universo é de 13,7 bilhões de anos.

E os 6 mil anos da história desde a genealogia de Adão até os dias de hoje?

O que o texto bíblico parece sugerir é que literalmente 1000 anos é como 1 dia. Tomando essa relação por verdadeira, podemos fazer um cálculo simplório concluindo que 6 mil anos é o tempo total dos dias da criação. Todavia, o período de 6 mil anos não chega nem perto da afirmação da ciência moderna.

É pouquíssimo tempo diante dos 13,7 bilhões de anos.

Certamente existe algo de muito errado com esse cálculo! Para entendermos de forma eficiente o significado desse postulado bíblico precisamos nos apoiar em algum postulado científico que nos ajude a pensar.

Ainda bem que a resposta já existe desde os tempos do profeta Moisés. Mas, realmente foi Einstein quem fez a 'exegese do texto' nos explicando o que a Bíblia queria dizer.

Mil anos representa o tempo visto de uma perspectiva. Um dia representa o mesmo período de tempo, todavia sendo percebido sob outra perspectiva.

Isso é Relatividade.

O tempo é relativo. É isso que postulam as Teorias da Relatividade, e é isso que postula o texto bíblico.

NEM TUDO É RELATIVO

O espaço é relativo, o tempo é relativo, até mesmo a matéria é relativa!

Aprendemos com Antoine Lavoisier (1743 - 1794) que: "Na Natureza nada se cria e nada se perde, tudo se transforma". Esta é a Lei da Conservação das Massas.

Pelo postulado de Lavoisier podemos afirmar que o que hoje é manga, amanhã pode ser tecido de pele humana e no próximo dia poderá ser adubo para florestas de eucalipto que se transformarão nas folhas de papel que compõe o livro que está em suas mãos.

Tudo é relativo, exceto a luz.

Segundo Albert Einstein a velocidade da luz é uma constante imutável: 299.792.458 metros por segundo (duzentos e noventa e nove milhões e setecentos noventa e dois mil e quatrocentos e cinquenta e oito metros por segundo). Para facilitar, dizemos que a luz viaja a 300 mil km por segundo.

$E = MC^2$

Essa é a famosa equação que mostra a equivalência entre a massa e a energia. Nessa fórmula:

E representa energia
M representa a massa
C representa a velocidade da luz no vácuo.

$E=mc^2$ se tornou, possivelmente a mais famosa equação de todos os tempos. Até mesmo quem não tem nenhuma formação acadêmica em física ou qualquer outra ciência exata já ouviu falar dela.

Essa equação simples mudou a forma como pensamos sobre energia e nos possibilitou inúmeros avanços no campo da tecnologia, além de formular possibilidades no campo da mecânica quântica e da viagem no tempo.

Entre outras coisas, essa equação prevê que nada pode se deslocar com velocidade superior à velocidade da própria luz. Considerando que velocidade da luz é de aproximadamente 300.000 km/s, a Relatividade postula que caso uma massa consiga acelerar além dessa velocidade, ela conseguiria ultrapassar a barreira do tempo e do espaço.

Dentro das inúmeras possibilidades oferecidas pelo uso da equação de Einstein está a especulação sobre viagens no tempo.

De acordo com astrofísico americano Richard Gott, autor do livro

Time Travel in Einstein's Universe (Viagem no Tempo no Universo de Einstein, ainda inédito no Brasil), "na verdade, os astronautas já estão viajando para o futuro". Segundo Gott, as velocidades desses deslocamentos em foguetes espaciais ainda são muito baixas em relação à velocidade da luz, e é devido a essas 'baixas velocidades', que a sensação de avanço no tempo é praticamente imperceptível.

"Quem mais avançou no tempo, até hoje, foi o cosmonauta russo Sergei Avdeyev. Como permaneceu em órbita 748 dias, voltou 50 avos de segundo mais jovem do que se tivesse ficado no chão. Ou seja, ele viajou 50 avos de segundo para o futuro" (Richard Gott). Segundo o astrofísico, uma viagem de apenas 24 anos a uma velocidade próxima à velocidade da luz, seria suficiente para, no retorno do aventureiro, encontrar a terra 1 000 anos no futuro.

Pela equação de Einstein, entendemos que uma pequena quantidade de massa tem enorme potencial de se transformar em uma imensa quantidade de energia. Mais uma vez Lavoisier entra no assunto para reafirmar sua Lei de Conservação das Massas.

Perceba um exemplo concreto: a massa existente em um pequeno botão de paletó, quando convertida em energia, gera potencial capaz de abastecer a cidade de Brasília por pelo menos dois anos.

A potência da fissão nuclear é provavelmente o maior poder construtivo e ao mesmo tempo destrutivo que a humanidade possui em suas mãos. Uma porção de urânio do tamanho de um pacote de farinha se transformou em uma bomba nuclear que destruiu a cidade de Hiroshima, no Japão.

Na época, Einstein escreveu uma carta para o presidente Franklin Roosevelt alertando que talvez os nazistas estivessem desenvolvendo armas atômicas. Todavia, para surpresa do mundo, aconteceu o contrário. Quem primeiro criou as bombas atômicas foram os americanos; foram eles que não souberam usar a ciência que estava à disposição.

"Com grandes poderes vêm grandes responsabilidades" (Tio Ben, álter ego do Homem-Aranha; um personagem de Stan Lee). A destruição das cidades japonesas deixou para a posteridade uma questão filosófica que não pode nunca ser esquecida: que os grandes conhecimentos da humanidade devem ser guardados hermeticamente e nunca depositados nas mãos erradas; e quem detém o conhecimento deve ter responsabilidade no seu uso, cuidando para não jogar pérolas aos porcos.

Para facilitar a compreensão acerca da imensa quantidade de

energia contida na matéria, tomemos como exemplo uma das fontes de energia mais utilizadas no mundo. Em condições de uso normal, a partir da tecnologia presente nos motores a combustão, a gasolina é capaz de gerar 33 milhões de joules para cada litro utilizado. A queima desse combustível, no interior do motor, gera calor e produz gases combustíveis, provocando o objetivo final, que é o movimento do veículo. Infelizmente, existe muita perda de energia nesse processo, sendo que apenas uma insignificante parte do potencial daquele 1 litro de gasolina se transforma em energia que pode ser efetivamente utilizada.

Entretanto, se existisse uma tecnologia capaz de 'esmagar' os átomos presentes na ligação química que compõe a gasolina (C8H18), e retirar dela a totalidade de sua energia, estaríamos diante da solução definitiva para todos os problemas de energia do planeta para todo o sempre.

Entenda que usando um reator nuclear em substituição a um motor a combustão, cada litro de gasolina nos produziria 70.000.000.000.000.000 joules (setenta quatrilhões de joules)! Isso é o equivalente a 2 bilhões de vezes mais energia que aquela produzida pelo motor a combustão.

Explicando: se o seu veículo roda 10 quilômetros por litro, ele passaria a rodar 20 bilhões de quilômetros com o mesmo litro de gasolina.

Imagine uma pessoa roda dez mil quilômetros por mês. Ao final de um ano, esse cidadão se deslocou por 120 mil quilômetros. Se essa pessoa dirigisse seu veículo por 70 anos fazendo sempre essa mesma média de quilometragem anual, ela teria, ao fim de sua vida rodado oito milhões e quatrocentos mil quilômetros.

Perceba que 8.400.000 km não significa nem mesmo 1% do potencial de apenas 1 litro de combustível. Com o combustível que sobrou, o veículo ainda teria autonomia para atender no mínimo 100 gerações após a dele.

Isso seria o fim da dominação da indústria do petróleo!

Mas porque essa tecnologia ainda não foi desenvolvida? Esse é um problema que pode ser discutido sob a premissa de diversos posicionamentos políticos, econômicos e tecnológicos. Todavia, para esse momento vamos nos ater apenas à tecnologia.

Para as tecnologias existentes, transformar todo o potencial de um átomo em energia é algo praticamente impossível. O motivo é que, até então, os equipamentos desenvolvidos, conseguem quebrar alguns poucos tipos de átomos, sendo limitados a elementos radioativos e a elementos leves.

Por causa da equivalência entre massa e energia, proposta pela equação $E = mc^2$, sob a ação mecânica do movimento, a energia que um objeto possui é acrescentado à sua massa. Em outras palavras, esta energia dificulta o aumento de velocidade desse objeto.

A 10% da velocidade da luz a massa de um objeto é 0,5% maior do que a massa estática. Na medida em que a velocidade aumenta, a energia produzida é creditada como massa, e de forma exponencial. A 90% da velocidade da luz, a massa do objeto seria mais que duplicada.

Na medida em que um objeto se desloca cada vez mais próximo da velocidade da luz, sua massa aumenta, sempre mais rapidamente, de forma que se gasta cada vez mais energia para aumentar ainda mais a sua velocidade, porém nunca alcançando a velocidade da luz, porque sua massa teria atingido o infinito e pela equivalência de massa e energia estaria gastando uma quantidade infinita de energia para que pudesse atingi-la.

Por essa razão, qualquer objeto do mundo físico está para sempre confinado, pela Relatividade, a se movimentar a velocidades mais baixas que a velocidade da luz.

Apenas a luz, ou outras ondas que não tenham massa intrínseca pode se mover nessa velocidade.

EX NIHILO NIHIL FIT

Os especialistas apontam que a palavra hebraica 'BARA' significa 'criar sem o auxílio de material preexistente'; mas será que essa definição sugere que Deus criou tudo a partir do nada? Se a palavra 'nada' significar 'ausência de matéria preexistente', a expressão está biblicamente correta, significando que para criar a matéria, Deus não usou matéria preexistente.

Por outro lado, a expressão latina "Ex nihilo nihil fit", atribuída ao filósofo grego Parmênides, parece não dialogar positivamente com a exegese do texto bíblico. Essa máxima científica significa literalmente: "nada surge do nada" e indica um princípio metafísico segundo o qual o ser não pode começar a existir a partir do nada. Tudo tem que ter um começo, tudo tem que possuir um princípio material antecedente.

Parece que as Escrituras estão caminhando em direção oposta à da ciência, afinal, Parmênides diz que nada surge do nada, fazendo referência à existência de uma matéria pré-existente, a partir da qual o universo veio a existir.

Sabendo que a palavra 'BARA' afirma que Deus não usou nenhuma matéria pré-existente para criar o universo, como fazer o postulado de Parmênides dialogar com o Gênesis, chegando a um ponto comum?

Segundo as Escrituras, a criação de todas as coisas não necessitou de nenhuma forma de matéria que precedesse o Big Bang! Entretanto, Deus não criou o tudo a partir do nada!

Deus criou o tudo a partir do Tudo.

Ele criou todas as coisas a partir de Si mesmo.

Deus é a Absoluta Fonte de Energia Vital, atuando como Aquele que sustenta a vida de todas as coisas, cedendo a elas a energia que compõe cada átomo da matéria.

Realmente não havia matéria pré-existente. O que havia era energia pré-existente.

Toda vida se origina em Deus. Tudo que existe se fez a partir Dele. Tudo que existe procede Dele e subsiste por Ele.

Deus transformou energia em matéria, pois "Ele é antes de todas as coisas, e nele tudo subsiste" (Cl 1.17).

A equivalência entre massa e energia, postulado pela equação de Einstein vaticina que Energia é equivalente à massa multiplicada pela velocidade da luz ao quadrado: $E = MC^2$. O contrário também se equivale, quando a massa se multiplica pela velocidade da luz ao quadrado, o resultado é a produção de energia: $MC^2 = E$.

A mais fantástica previsão da equação de Einstein é que Luz (energia) pode se transformar em matéria: $M = E/C^2$.

Perceba as variáveis da equação e veja que matéria e energia são variações da mesma coisa. Tudo é feito de átomos, e como sabemos, átomo é pura energia. Átomo é por definição um 'sistema energético estável, eletricamente neutro, que consiste em um núcleo denso, positivamente carregado, envolvido por elétrons'.

Pela equivalência definida pela equação de Einstein, matéria e energia são lados opostos da mesma moeda. Matéria pode se converter em energia e energia pode se converter em matéria.

Em nossos dias, transformar matéria em energia já é uma atividade bem comum. Esse processo é o acontece o tempo todo nos reatores das usinas nucleares. Todavia, transformar luz em massa é um processo possível que ainda não foi totalmente dominado pela tecnologia atual.

De acordo com Einstein e concordando com a primeira Lei da Termodinâmica, existe no Universo uma quantidade fixa de energia e matéria.

A quantidade de energia existente no primeiro milésimo do Big Bang continua a mesma até hoje e continuará assim para sempre.

É notório que o Big Bang foi uma esplendida explosão de energia! Aquela energia pulsante passou por um processo de resfriamento, se convertendo em matéria há aproximadamente 13,7 bilhões de anos. Nesse remotíssimo passado, toda a matéria que podemos hoje observar, estava contida em forma de energia, extraordinariamente concentrada em um único ponto.

100 bilhões de galáxias cabiam com folga na ponta de um alfinete.

Naquele indescritível momento, o universo era absurdamente quente, atingindo a fantástica temperatura de mais de um bilhão de bilhão de bilhão de vezes a temperatura média do nosso Sol.

Hoje em dia, em laboratório, para manipular a fabricação de matéria, respeitando a primeira lei da termodinâmica, os cientistas estão trabalhando pesado no desenvolvimento de equipamentos capazes de realizar essa façanha.

O ato de criar matéria a partir da luz se realiza a partir de uma reação denominada 'Produção em Par'. Essa reação converte um fóton em um par de partículas, sendo uma de matéria e uma de antimatéria.

O Laboratório Nacional Brookhaven, a Organização Europeia para Pesquisa Nuclear (CERN) e o Fermilab são grandes laboratórios de pesquisas que andam na vanguarda de todos os avanços da física.

Esses laboratórios provaram que Einstein estava certo quando realizaram uma reação que consistiu em disparar um fóton dentro de um núcleo atômico pesado. Nessa experiência foi verificado que o núcleo compartilha a energia e permite que o fóton se desintegre em elétron e pósitron, e o pósitron volta a ser fóton quando acontece a colisão com um elétron.

Essa é a receita para se produzir matéria a partir da energia.

Os seres humanos estão prestes a transformar luz em partículas subatômicas. Todavia após dominarem essa etapa do processo, a tecnologia ainda terá que percorrer outro longo caminho. Um caminho muito mais longo e certamente muito mais complexo.

De posse de 'um montão' de partículas subatômicas, vem a questão: '- e agora (?), o que fazer com elas? Como lhes conferir organização? Como formar pedaços de bronze, ou pepitas de ouro, ou tecido de pele humana?'

Uma caneta, em sua estrutura, aprisiona energia estática. A energia existente na massa da caneta está ligada à natureza química de sua composição. Einstein revelou que massa e energia são equivalentes. Perceba que a equação 'E = MC²' afirma que a energia ('E') liberada pelo esmagamento atômico de uma massa ('M') é igual a 'M' vezes a velocidade da luz ('C') ao quadrado (C²).

Sabendo que a luz se desloca a 300 milhões de metros por segundo, a destruição de uns poucos átomos libera uma enorme porção de energia. É dessa maneira que a energia é produzida no interior do nosso Sol.

Concluindo: se a fissão atômica da massa produz energia, o contrário também é possível: a fusão atômica produz massa.

Se poucos átomos liberam muita energia, realmente precisa-se de muita energia para se produzir uns poucos átomos.

Para você imaginar o tamanho do poder utilizado na criação do universo, saiba que no corpo humano existem mais átomos do que estrelas no universo.

É isso que o Criador fez para trazer a matéria à existência.

Para criar o universo Deus liberou uma faísca de sua energia. A partir de então, a energia produziu massa. E tudo que existe é oriundo dessa emanação de Deus.

A LUZ

"E esta é a mensagem que dele ouvimos, e vos anunciamos: que Deus é luz, e não há nele trevas nenhumas" (1Jo 1.5).

Porque (?), dentre todos os elementos presentes no mundo manifestado, o Criador, no ato de definir a Si mesmo, escolheu a LUZ como elemento nomeador de sua natureza?

Na aurora dos tempos, tudo que foi criado estava imerso na mais absoluta escuridão. Tudo era disforme e vazio. Embora o universo não estivesse abandonado à própria sorte, certamente, o Espírito de Deus não iria ficar pelas eternidades pairando sobre a face das águas.

Uma faísca da energia do Criador foi manifestada e seu poder organizou todos os elementos da manifestação que jazia oculta pela escuridão. A LUZ foi criada objetivando a definitiva derrota do reinado das trevas.

Somente a LUZ possui massa, energia e velocidade infinita. Somente a LUZ detém as propriedades impossíveis de serem copiadas e domesticadas pelos homens. "A qual a seu tempo mostrará o bem-aventurado, e único poderoso Senhor, Rei dos reis e Senhor dos senhores; Aquele que tem, ele só, a imortalidade, e habita na luz inacessível; a quem nenhum dos homens viu nem pode ver, ao qual seja honra e poder sempiterno. Amém" (1 Tm 6:15,16).

'- Qual é a única força imutável e constante de todo o universo?' '- A Luz'.

A LUZ está para além de ser o elemento que melhor simboliza a natureza de Deus. Ela é uma parte do poder ativo do Criador manifestada não só para o mundo dos sentidos. A LUZ transcende os limites das sensações físicas e mentais.

A mesma luz que atua sobre o corpo físico também é percebida pelo homem astral. Esse homem espiritual é aquele que luta a batalha de vencer e subjugar o corpo da carne.

O homem é um microcosmo.

Partindo da compreensão do princípio de correspondência entre terra e céu, sabemos que no homem se manifestam todas as forças e propriedades do universo, postulado que matéria e espírito são correspondentes.

O homem é um cidadão de dois mundos, híbrido de matéria e espírito, terreno e celestial. Ele é o único ser que traz em si, ambas as partes das dimensões da criação.

No homem reside a evolução plena de todos os reinos criados: mineral, animal e espiritual.

A LUZ se manifesta ao espírito e à matéria sempre da mesma maneira. Ela não muda de forma para ser percebida pelos dois polos da dicotomia.

Conforme o texto do Novo Testamento, Deus é o Pai das Luzes, o progenitor da energia que cede vida a tudo o que existe. "Toda a boa dádiva e todo o dom perfeito vem do alto, descendo do Pai das luzes, em quem não há mudança nem sombra de variação" (Tg 1:17).

A nossa luz visível é uma manifestação da Luz o Pai das Luzes. A luz que fala aos olhos da carne é a mesma que ilumina o interior da residência do espírito.

Estando aberta as janelas da alma, a luz pode invadir o ambiente e iluminar o corpo estelar.

"E a cidade não necessita de sol nem de lua, para que nela resplandeçam, porque a glória de Deus a tem iluminado, e o Cordeiro é a sua lâmpada" (Ap 21:23). Em um nível mais elevado da criação, rompida a barreira do tempo, sendo nós admitidos no reino da eternidade, a Luz é o elemento que reveste a aparência do Cordeiro.

Nesse lugar não existe tempo ou dimensões espaciais. Tempo e espaço estão definitivamente sujeitados a serem relativos à única constante do universo: A Luz.

O espírito do homem foi criado do tecido da luz, sendo que para a perpetuação da sua luminosidade, o ser astral deve receber a Luz do Criador. Diante da irradiação da 'chama de luz', o corpo da carne se despedaça, deixando vazio o trono do controle do ser.

Enquanto o corpo físico domina a alma, o corpo astral fica acorrentado e impedido de se movimentar na direção da evolução aos níveis superiores.

É impossível escalar a Escada de Jacó enquanto estiver acordado em sua carnalidade e racionalidade sensorial. Assim como Jacó, o homem deve dormir e sonhar. Deve se desligar do mundo manifestado e adentrar no salão onde os anjos sobem e descem pela escada da evolução espiritual.

A alma é o avatar de dois corpos. Ela quase sempre faz a opção errada em privilegiar a natureza densa e grosseira; perdendo assim, a conexão primitiva com o Pai dos Espíritos.

O 'nascido de novo' deve buscar, bater e procurar. Aquilo que ele busca, também o está buscando.

Que o aprendizado percebido pelos ouvidos da carne descortine os caminhos do labirinto da alma e encontre o corpo da evolução.

"Quem tem ouvidos para ouvir, ouça" (Mt 11:15).

O espírito diz à carne: 'sois sombra, pois então, amarre seu tecido ao meu. Ligue-se a mim pelo fio de prata e não se afaste mais. Seja a sombra do que eu sou, a manifestação do que eu devo ser. Seja rápido no tempo', "Antes que se rompa o cordão de prata, e se quebre o copo de ouro, e se despedace o cântaro junto à fonte, e se quebre a roda junto ao poço, e o pó volte à terra, como o era, e o espírito volte a Deus, que o deu" (Ec 12:6,7).

VOYER DA HISTÓRIA

A luz do sol viaja 8 minutos para chegar até nós.

Quando olhamos o sol, o vemos como ele era a 8 minutos atrás. Vemos o seu passado!

Ao olhamos para o céu, contemplamos luzes de estrelas que estão a bilhões de quilômetros de distância da terra. A luz emitida por elas, mesmo viajando em impressionante velocidade, quando são captadas por nossas retinas, milhões de anos já se passaram.

Toda a luz que chega do espaço até nós, foi emitida em um passado muito distante.

Olhar para o céu a olho nu, não é olhar para o presente. É olhar para um passado de tempos imemoriais!

Segundo alguns astrônomos, existem no universo estrelas tão distantes, que suas luzes ainda não chegaram a serem visíveis em nosso planeta, mesmo com o uso de potentes telescópios.

O universo ficou pronto, mas o que vemos da terra não passa de um pequeno retrato pendurado numa parede maior que a Muralha da China. O universo inteiro é a muralha e o que vemos em nossa carta celeste é uma pequena fotografia 3x4.

Ao apontarmos um telescópio em direção a uma galáxia distante, podemos nos ater à beleza de uma estrela; isso é uma viagem. Muito mais do que mera contemplação.

Quando olhamos uma estrela pelas lentes de um telescópio, na verdade estamos viajando no espaço e no tempo para contemplar relativamente o futuro e o presente daquele corpo celeste; essa visão depende exclusivamente do poder de alcance do telescópio.

Em relação ao observador da terra, estamos vendo o futuro da estrela. Em relação à estrela estamos vendo o seu presente. Para o observador na terra, a distância vencida pela lente do telescópio significa uma viagem no tempo!

Pense nessa experiência: ao olhar o espaço pelas lentes de um poderoso telescópio, você estará viajando no tempo para testemunhar de perto algo que aconteceu a milhões de anos da perspectiva do observador na terra.

E se você não usasse a lente do telescópio? Se você viajasse em um equipamento que acelera a uma velocidade superior à velocidade em que viajam a percepção das imagens? Certamente você estaria viajando no tempo, enquanto viaja pelo espaço.

Presente e futuro são percepções que dependem unicamente do referencial do observador.

Ao viajar numa velocidade superior à velocidade da luz, você estaria se deslocando no tempo e isso lhe daria a possibilidade de ser uma testemunha ocular do evento que deu origem ao nosso universo.

Para o Criador, o Passado, o Presente e o Futuro, simplesmente não existem, pois sob a perspectiva da luz, o tempo e o espaço se deformam até a absoluta inexistência.

Deus é Luz e por isso, afirmar que o Eterno sabe o nosso futuro é uma premissa que passa pela doutrina da Onisciência de Deus e se explica pelas equações da física.

"Que anuncio o fim desde o começo, e desde a antiguidade as coisas que ainda não sucederam" (Is 46:10).

Teólogos livres afirmam que o passado, o presente e o futuro existem e são estabelecidos de forma simultânea na Consciência de Deus. Para o Criador não existe a aprisionadora noção de sucessividade.

Os fatos são sucessivos apenas para os humanos que percebem a manifestação da história sob o véu da realidade.

Nossa limitada consciência está acorrentada aos sentidos e é uma escrava do tempo. Estamos todos condenados ao tempo e fatalmente condicionados a esta noção de fatos que se sucedem.

Todavia, quando mergulhamos na experiência dos sonhos, percebemos que o tempo funciona numa perspectiva alheia ao tic-tac do relógio. O pensamento também funciona sem um marcador de tempo, entretanto estando sempre limitado pela sucessão dos fatos.

Afinal no mundo onde forjamos nossas histórias e imagens interiores, os eventos podem ser retardados ou apressados, repetidos e reinventados, mas sempre somos um refém do relógio.

As experiências metafísicas dos sonhos e dos pensamentos errantes nos dão um pequeno sinal do que será a percepção da consciência cósmica, quando o perfeito nos for revelado, quando por fim, "estando na luz, como ele na luz está", transcenderemos a percepção da sucessividade.

Sem tempo e sem espaço, impossível de ser descrito, isso é o que Deus tem reservado para nós, os seus.

BIBLIOGRAFIA RECOMENDADA

Biblia Sagrada

Criação Desvendada – César de Aguiar – KDP Amazon

O Grande Projeto (The Grand Design) – Stephen Hawking e Leonardo Mlodinow. Editora Nova Fronteira.

O Universo Autoconsciente (The Self-Aware Universe) – Amit Goswami – Editora Aleph.

Teologia Sistemática – Atual e Exaustiva – Wayne Grudem – Editora Vida Nova.

www.teolovida.blogspot.com.br

Contato com o autor: teolovida@gmail.com

Made in the USA
Columbia, SC
08 June 2023

17679989R00090